Hoffnungsvoll leben

HOFFNUNGS-VOLL LEBEN

Gedanken zu Passion und Ostern
mit Texten von Jörg Zink

herausgegeben von Martin Schmeisser

Eschbacher LebensArt

Jörg Zink, geboren 1922, Dr. theol., lebt als freier Schriftsteller in Stuttgart.
Im Verlag am Eschbach sind seit der Verlagsgründung 1980 zahlreiche
Titel von ihm erschienen, zuletzt:

Atem für die Seele (Eschbacher LebensArt 673).

Sei gesegnet jeden Tag, 10. Aufl. 2009 (GH 118).

Ich kann vertrauen (Eschbacher LebensArt 898).

12 Nächte. *Was Weihnachten bedeutet* (Buch 979).

Die Texte von Jörg Zink sind den folgenden seiner im Verlag am Eschbach
erschienenen Titel entnommen:
DiaBücherei Christliche Kunst. Band 2: Passion I, 1981 (vergriffen)
Gott schauen. *Christusbegegnungen nach Bildern des italienischen Malers Duccio di
Buoninsegna*, 1982 (vergriffen)
Vor uns der Tag. *Was die Passions- und die Ostergeschichte bedeuten*, 1993 (vergriffen)
Die sieben Zeichen: *Die Wunder im Johannesevangelium als Wege zum Heilwerden*,
1994 (vergriffen)
Leben, das den Tod durchbricht, *Ermutigungen*. Mit Bildern von Rembrandt
und Vincent van Gogh, 2006
© für alle Texte: Verlag am Eschbach, Eschbach/Markgräflerland
Konzeption, Textauswahl und redaktionelle Bearbeitung:
Martin Schmeisser, March-Hugstetten

Das Gedicht »Hoffnung« (S. 7) ist mit freundlicher Genehmigung dem
Buch entnommen: Kurt Marti, O Gott! *Essays und Meditationen*
© Radius Verlag GmbH, Stuttgart 1986.

Bibliographische Information der Deutschen Nationalbibliothek: Die
Deutsche Nationalbibliothek verzeichnet diese Publikation in der Deutschen Nationalbibliographie; detaillierte Daten sind im Internet über
http://dnb.d-nb.de abrufbar.

ISBN 978-3-88671-671-5
© 2010 Verlag am Eschbach der Schwabenverlag AG
Im Alten Rathaus/Hauptstr. 37
D-79427 Eschbach/Markgräflerland
Alle Rechte vorbehalten

www.verlag-am-eschbach.de

Umschlagbild: Barbara Trapp, Bad Krozingen.
Gestaltung: Finken & Bumiller, Stuttgart
Herstellung: freiburger graphische betriebe, fgb, Freiburg

INHALT

IV DAS RECHT UND DIE WAHRHEIT

V AUF DEM WEG NACH GOLGATHA

VI DIE KONSEQUENZ DER LIEBE

VII ZWISCHEN TOD UND AUFERSTEHUNG

VIII VOR UNS DAS LEBEN

Prolog

HOFFNUNG

O nein, o nein,
ich hab' mein Leben
nicht im Griff,
überhaupt nicht.
Eher umgekehrt:
ES hat MICH.

ES:
das Leben jetzt,
das Sterben einst,
und darin, hoff' ich,
DU.

Kurt Marti

Einführende Gedanken

Als ich einundzwanzig Jahre alt war, begegnete mir die Geschichte vom Leiden und Sterben des Jesus von Nazareth zum ersten Mal so, dass sie mich wirklich interessierte. Es war Krieg. Um mich her spielte sich das Sterben fast aller Kameraden meiner damaligen Einheit ab. Ich hasste die Schießerei, fand aber nicht den Mut, sie zu verweigern. Ich diente einem Staat, dem Gerechtigkeit ein Fremdwort war, und setzte mich dafür ein, dass er diesen Krieg gewinnen sollte. Ich lebte gespalten wie unzählige junge Menschen damals. Ich wollte frei sein und war doch eingezwängt in das brutale System von Befehl und Gehorsam. Eines Tages stand ich vor einem Kriegsgericht und entging knapp dem Todesurteil. Seitdem weiß ich, was ein Gericht ist, das gegen das Recht einem politischen Diktat dient, und seitdem gewann die Geschichte vom »Prozess« gegen Jesus für mich eine immer genauere Bewandtnis.

Damals, im Krieg, als wir beim besten Willen nicht verdrängen konnten, was wir sahen, habe ich aus dieser Geschichte Gedanken gewonnen, die mir bis dahin fremd und unbekannt waren. In den Jahrzehnten seither habe ich auf langen Wegen des Nachdenkens und des Mitgehens ihre eigentümliche Kraft erfahren. Sie hat viele Sorgen unwichtig gemacht und viel Angst unnötig. Sie wurde mir zum Grundmodell für einen Menschenweg, der Sinn hat, der frei und zuversichtlich gegangen werden kann und am Ende an ein großes Ziel führt.

Auf der Schwäbischen Alb, nahe dem Dorf Salmendingen, gibt es einen Berg, den ich besonders liebe, den Kornbühl.

Er liegt als steiler Kegel frei auf der Hochfläche, einsam und großartig, an seinem Fuß beginnt ein Weg, der durch einige Serpentinen auf den Gipfel führt zu einer Kapelle, die weit über das Land schaut. Am Weg stehen steinerne Bildstöcke, künstlerisch eher primitiv als schön, die den Passionsweg des Jesus von Nazareth darstellen. Der Abstand zwischen den einzelnen Stationen ist so groß, dass der Ansteigende Zeit hat, sich jede einzelne Episode zu vergegenwärtigen, bis die nächste ihm begegnet und wieder die nächste, bis er schließlich dem Kreuz auf dem Altar der Kapelle gegenübersteht und ihn am Ende, wenn er wieder aus der Kapelle tritt, eine große Weite und Freiheit empfängt.

Ich bin diesen Weg seit meiner Studentenzeit oft gegangen. Dabei habe ich eingeübt, was heute notwendig ist: das Vernehmen, das Schauen, das Erfahren und dabei das Einvernehmen mit dem, der uns unser Schicksal zumisst und uns am Ende aus der Enge dieses Daseins in die Weite seiner Gegenwart führt.

Ich lade Sie ein, in diesem Buch mit mir einen Weg in acht Schritten zu gehen. Warum in acht Schritten? Sehr einfach deshalb, weil vom Einzug Jesu in Jerusalem bis zu seiner Auferstehung, also vom Anfang bis zum Ende der Leidensgeschichte, acht Tage vergehen. Sieben Tage währt das Leiden, am achten Tag tut sich das ganz Neue kund, das andere, das Befreiende, das Erlösende. Der erste Petrusbrief spricht davon:

»Gelobt sei Gott, der Vater unseres Herrn Jesus Christus,
der uns nach seiner Barmherzigkeit wiedergeboren hat
zu einer lebendigen Hoffnung
durch die Auferstehung Jesu Christi von den Toten.«
(1 Petrus 1,3)

Und an anderer Stelle erinnert der erste Petrusbrief, acht Menschen seien durch die Sintflut hindurch gerettet worden. So wurde die Zahl Acht für die frühen Christen zur Zahl der Rettung und der Wiedergeburt. Und so verband sich die Zahl Acht mit der Taufe, dem Symbol der Rettung aus der Sintflut des Todes. Später bauten darum die Christen ihre Baptisterien – ihre Taufkapellen – in der Regel achteckig, oktogonal.

Damit schufen sie nichts Neues. Es gibt eine uralte Weisheit um die Zahl Acht. Schon die frühen Völker entdeckten, dass die Musik sieben Töne hat und dass der achte Ton den ersten wieder aufnimmt und mit ihm die ganze Folge der Töne auf eine neue Ebene hebt.

Die alte Welt sprach von sieben Planeten und davon, wer über die Zone dieser sieben Planeten hinausgelange, finde Zugang zu jener anderen geistigen Welt, in der er Gott finde und seine eigene Freiheit. Im I-Ging umfassen acht mal acht-Zeichen die Fülle aller Schicksale und aller Wandlungsmöglichkeiten des Menschen. Acht Richtungen hat die Windrose, acht Speichen das Rad des Lebens. Der Islam glaubt an acht Paradiese … Die Acht war schon immer ein Zeichen der Erlösung, Befreiung und Erfüllung, ein Zeichen des Ziels, das dem Menschen vor Augen steht.

Es scheint mir nach all dem nicht zufällig, dass Jesus seine Freundinnen und Nachfolger auf achtfache Weise selig preist. In den sogenannten Seligpreisungen zeigt er ihnen, wo und wie in der Schwere des Menschenlebens Sinn aufscheint, Hilfe und Rettung. »Selig die Armen, die Barmherzigen, die Verfolgten!« Warum sind sie selig? Weil sie den ursprünglichen, den originalen Christusweg auf ihre Weise mitgehen.

Christus, in dessen Geschick sich unser Menschenweg spiegelt, gibt uns Weisungen für unseren Weg auf dieser Erde. Und wenn er uns im achtfachen Pfad der Seligpreisungen sein Wort dazu gibt, dann zeigt er uns damit den Sinn und das Ziel unseres Weges.

I TAGE DER ENTSCHEIDUNG

DIE STUNDE IST DA!

Die Geschichte, die ich zunächst erzählen will, begann einige Tage vor jenem festlichen Einzug in die Stadt Jerusalem, bei dem Jesus, auf einem Esel reitend, von den einziehenden Pilgern und den Bewohnern begeistert als der neue König von Israel begrüßt wurde. Sie begann, als er noch unterwegs war.

Von Galiläa, dem Land im Norden Palästinas, zogen Jesus und seine Begleiter ins Jordantal, den Jordan abwärts bis Jericho und von dort hinauf bis vor die Stadt. unterwegs nahm er die Zwölf einmal beiseite und erklärte ihnen den Sinn dieser Reise: »Wir gehen nach Jerusalem. Dort wird man mich den Priestern und den Schriftgelehrten ausliefern. Die werden mich verurteilen und den Römern überstellen. Man wird mich schlagen, anspeien, geißeln und töten. Und am dritten Tag danach werde ich auferstehen.« (Matthäus 20,18f.)

Die Geschichte beginnt dort, wo der Mann aus Nazareth noch die Freiheit hat, seinen Weg zu bejahen oder zu verweigern. Wo er einsam mit Gott und mit sich selbst erkennt, was er zu tun hat, wo er also in sich hineinhorchend vernimmt, welche Stunde die Uhr geschlagen hat. Wir aber, die jene Geschichte bedenken, werden immer wieder dort einsetzen müssen, wo wir auf die Uhr unseres eigenen Geschicks achten. Dazu ist mehr Wachheit nötig, als wir normalerweise aufbringen.

Jesus spricht, auch sonst während seines Lebens, immer wieder von seiner »Stunde«. »Meine Stunde ist noch nicht gekommen.« Oder: »Die Stunde ist da.« Damit sagt er: Meinem Geschick liegt eine Absicht zugrunde, ein Plan, der sozusagen auf einer geistigen Landkarte eingetragen ist wie ein Weg. Ich muss sehen, dass ich ihn finde. Ich füge mich also dem Willen, der ihn mir zugedacht hat, und achte auf die Zeiten, auf die Wegkreuzungen und auf das Land, durch das dieser Weg führt. Wenn aber seine Schülerinnen und Begleiter hinterher gehen, zunächst verwirrt und unschlüssig, dann finden sie allmählich nicht nur den Weg, den Jesus zu gehen hat, sondern auch ihren eigenen. Sie hören nicht nur Jesus von seiner »Stunde« reden, sondern beginnen auch, auf ihre eigene zu achten.

Und so folgt der Ritt auf dem Esel, der von einem Dorf am Rand der Wüste über das Kidrontal und von der unteren Stadt her auf den Tempelberg führt.

DER EINZUG IN JERUSALEM

Es ist eine Woche vor dem Passafest. In Jerusalem strömen Zehntausende von Pilgern und Festgästen zusammen. Als sie wahrnehmen, Jesus, der Prophet aus Galiläa, sei auch in den Pilgerzügen, versammeln sie sich vor der Stadt. Von Mund zu Mund breitet sich die Nachricht aus: Er, der Erwartete, der Erhoffte kommt. Der Jubel muss groß gewesen sein und die Erwartung gespannt. Die Leute reißen Palmzweige ab und winken ihm damit zu. Andere breiten ihre Kleider auf den Weg und rufen:

»Gepriesen sei der König!
Gepriesen sei, der von Gott kommt!
Heil und Segen für ihn
von den Höhen des Himmels!«
(Matthäus 21,8f.)

Dies alles sei geschehen, damit sich das Wort des Propheten erfüllte, lesen wir bei Matthäus:

»Sagt der Tochter Zion
– das heißt der Stadt Jerusalem –:
Sieh, dein König kommt zu dir.
Er ist friedfertig, er reitet auf einer Eselin
und auf dem Fohlen,
dem Jungen eines Lasttiers.«
(Matthäus 21,5)

Die Worte erinnern an alte Hochzeitslieder, in denen die Braut den Bräutigam besingt. Denn Jerusalem ist die »Königin«, Jesus ist der »König«, und beide sind gekrönt am Tag der Hochzeit, wie es das Hohelied beschreibt und wie die Gäste im alten Israel über den Bräutigam sangen:

»Kommt alle und seht!
Seht den König Salomo mit der Krone,
mit der ihn seine Mutter gekrönt hat
am Tag seiner Hochzeit,
am Tag der Freude seines Herzens.«
(Hoheslied 3,11)

Was hier gefeiert wird, ist gleichsam die Hochzeit zwischen dem Boten Gottes und dem Volk, zwischen Gott und der Erde. Wenn er – der Bräutigam – kommt, so empfinden die Menschen, dann ist das Glück nahe. Mit ihm kommen die Wunder, kommen der Friede, das Heil, die Gewissheit.

Es gibt islamische Legenden über Jesus. In diesen tritt er als derjenige auf, der Freude bringt, der die Menschen schützt und birgt. Er ist das Lachen, er ist der Gesang. Wo Jesus auftritt, da ist die Angst zu Ende, da finden sich Wege in der Wüste, da sprudeln die Quellen. Wer Jesus begegnet, wer von ihm träumt, seine Stimme hört, der ist gesegnet. Eine solche Legende erzählt von einem Mann, der mit seinem kleinen Sohn durch die Wüste zog und von einem Sandsturm überrascht wurde. Der Orkan beginnt mit einem Pfeifen und mit plötzlicher Dunkelheit. Während die

Männer sich unter ihren Burnussen zusammenkauern, ängstigt das Kind sich vor der dunkel hereinbrechenden Gefahr. Als der Vater aber mit ihm ein wenig unter dem Burnus hervorschaut, sieht er in den dunklen Wolken ein kleine, helle Stelle. »Sieh dort«, sagt er zu dem Jungen, »das ist der Glanz von Ischas Hand« (wie die Muslime Jesus nennen). »Sollen wir Angst haben, wenn wir Ischas Hand sehen?« Und das Kind sagt zufrieden und glücklich: »Wenn Ischa bei uns ist, dann ist ja alles gut.«

Dieses freundliche, strahlende Bild des Jesus, der dem Herzen nah ist und immer dann hilft, wenn die Dunkelheit hereinbricht, dieses liebenswürdige Bild verlieren wir angesichts der Passionsgeschichte allzu leicht.

DIE SALBUNG IN BETANIEN

Es war vielleicht noch am Tag des festlichen Einzugs. Im Hintergrund der Gespräche stand immer die heimliche Frage: Wird Jesus in Jerusalem die Macht ergreifen oder nicht? Ist er der kommende König oder nicht? Da erscheint eine Frau und greift zum uralten Symbol der Salbung, das in früheren Zeiten auch die Propheten Israels an denen vollzogen, die zu Königen bestimmt waren, und gab ihm einen neuen Sinn:

»Als nun Jesus in Betanien weilte, im Hause Simons, des Aussätzigen, kam eine Frau mit einem Glas kostbaren Salböls und goss es über seinem Haupt aus, während er zu Tische lag. Als das seine Jünger sahen, wurden sie unwillig und sprachen: Wozu diese Vergeudung? Man hätte das Salböl verkaufen und das Geld den Armen geben können! Als Jesus das merkte, sprach er zu ihnen: Was macht ihr der Frau das Herz schwer? Sie hat etwas Schönes für mich getan. Wenn sie Salböl über meinem Leib ausgoss, tat sie es, ihn zu meinem Begräbnis zu salben. Was ich sage, ist wahr: Wo immer man in der Welt davon sprechen wird, dass ich starb, um der Welt das Leben zu schenken, wird man auch reden über das, was sie eben tat, und wird es als Zeichen ihrer Liebe festhalten.« (Matthäus 26,6-13)

Die Männergesellschaft begehrte auf: Wenn Jesus schon der Gesalbte sein soll, der »Christus«, dann soll ihn bitte ein Prophet salben, aber nicht irgendwer und schon gar nicht eine Frau! Sie zogen das Problem ins Vordergründige: Wozu diese Vergeudung? So hatten sie eine andere Begründung für ihren Widerspruch als ihre verletzte Männlichkeit. Die Frau, Johannes nennt ihren Namen – es war Maria, die Schwester des Lazarus – sah tiefer. Sie sah mit der Hellsichtigkeit der Liebenden, dass eine Salbung zum König im alten, äußerlichen Sinn ein Missverständnis wäre. So gab sie ihr Zeichen: Was die meisten sich unter einem König vorstellen, das bist du für mich auf ganz andere Weise. Du bist es und wirst es immer sein. Du wirst meinen künftigen Weg bestimmen und selbst, wenn du mir genommen wirst, werde ich auf dich zu und dir entgegen leben. Vielleicht lag darin auch der Ausdruck für ihr Wissen, dass dies die letzte Stunde sei, in der sie ihre Liebe noch ausdrücken könne. Und Jesus nahm es auf: Ihr wollt eine Salbung durch einen Propheten? Sie ist eine Prophetin. Sie goss ihr Salböl aus, weil sie über die Alternative »König oder nicht« hinaus ist. Denn hier geht es nicht um glanzvolle Herrschaft, sondern um Tod und Leben.

Die Klage der Liebenden um den Geliebten, auch wenn sie Totenklage ist, hat ihren erlösenden Hintergrund in der Hoffnung auf irgendeine Art von Wiederbegegnung. Sie wird nie beweisen können, dass diese Hoffnung einen Grund hat. Und dennoch sieht sie voraus auf die Zeit, in der die über die Zeit der Trennung bewahrte Liebe ihre Erfüllung finden wird.

Unter Christen hat man stets ungern über die Wiederbegegnung Liebender im anderen Leben geredet. »Dafür gibt es keine Beweise!« Als gäbe es Beweise für irgend etwas anderes am christlichen Glauben. Man diskutierte durch die

Jahrhunderte hin, wie man in jenen Tagen in Jerusalem diskutiert hat, wer dieser Jesus, den sie den Christus nannten, den Gesalbten, eigentlich gewesen sei. Man formulierte Dogmen, die man selbst kaum verstand. Man verband politische Macht mit einem Christus, der als Himmelskönig gemalt wurde und den Seinen auf der Erde Macht gab. Was dabei weithin verloren ging, war eben das, was die Frau aus Betanien auszeichnete: die Liebe und die Hingabe, die sich in jenem ahnenden Zeichen des Salbung Ausdruck gab.

Der christliche Glaube lebt nicht aus seiner intellektuellen Rechtwinkligkeit, auch nicht aus seiner Zweckmäßigkeit und Handlichkeit, sondern aus der Ekstase des Liebens. Er bedarf keines Beweises. Er lebt unbegründbar und unwiderleglich. Einfach so, wie man lebt, wenn man in der Liebe ist und in der Wahrheit. In dieser Hellsichtigkeit, in diesem Überschwang, in dieser Lebendigkeit ist die Liebe dem Verstand immer überlegen. Sie ist die Kostbarkeit des Lebens, und was sie tut, drückt diese Kostbarkeit auch angesichts des Todes aus. Im Kreuzweg geht es eben um dies: die liebende Hellsichtigkeit im Angesicht des Todes einzuüben.

PASSA

Die letzten Lebenstage des Mannes aus Nazareth fielen in die Zeit des jüdischen Passafestes. Passa ist das Fest, an dem der Jude der Befreiung seiner Vorfahren aus Ägypten gedenkt. Es ist also ein geistliches und politisches Befreiungsfest. Das Passa hat jedoch seine viel älteren Wurzeln in einem archaischen Frühlingsfest, das im aufbrechenden Jahr die neue Fruchtbarkeit der Felder und der Herden feierte. Es ist eine wunderbare Gleichzeitigkeit, dass mitten in dieser Festzeit der Tod und die Auferstehung Jesu geschahen, als versammle sich in diesen Ereignissen alles Sterben, das auf der Erde erlitten wird, und alles Leben, das wir neu begrüßen.

Etwas ist für uns Heutige dabei von ganz elementarer Bedeutung: Man hat immer wieder gesagt, es gehe im Christentum nicht um die Natur, sondern um den Menschen, und es gehe nicht um die Feier des Frühlings, sondern allein um das Kreuz des Christus und die Erlösung des Glaubenden. So, als gebe es zwischen Himmel und Erde nur den Menschen und sein Heil, und so, als trenne dieser Mensch sich von allem, was ist, und habe seine von allem lebendigen Leben abgesonderte Mittelpunktstellung in der Welt zu behaupten. Heute entdecken wir, da wir die Natur auf dieser Erde vor unseren Augen zugrunde gehen sehen, wie wichtig für das Leben der Tod ist, der natürliche, auf allen Ebenen. Wir sehen Müllberge vor uns aus Stoffen, die nicht sterben können, die nicht wieder in den Kreislauf des Lebens zurückkehren. An dem Gift, das nicht wieder zersetzt werden kann, sondern weiterwirkt, stirbt die Erde. Sie geht zugrunde am atomaren Abfall, der nicht stirbt, sondern Millionen Jahre weiter sein tödliches Werk verrichtet.

Das Sterben haben wir bisher vor allem als Zerstörung von Lebendigem gesehen, und der Tod schien uns als Feind. Heute könnten wir dankbar sein, hätte unsere Erde die Kraft, zu zerstören und zu zersetzen, was wir an Abfall und Gift auf sie häufen. Zum ersten Mal hat ein Geschöpf – der Mensch –, der Schöpfung die Fähigkeit genommen, Leben hervorzubringen aus dem Naturvorgang des Todes.

Immer gab es »Raubtiere«, aber erst mit dem Menschen kam die maßlose Zerstörungskraft in die Welt, an die uns heute auch die Leidensgeschichte erinnert. Er soll verschwinden von der Erde, sagen die Richter und die Henker im damaligen Jerusalem. Kreuzige! rufen sie. Heute sind es die Erde und das Leben und am Ende der Mensch, die gekreuzigt werden. Jesus aber geht seinen leisen Gang durch die Geschichte, leidend wie einst um das Reich der Gerechtigkeit, das zu bringen er einmal gekommen war.

SELIG SEID IHR ARMEN

Ich sehe dich auf jenem Berg, Jesus,
irgendwo in Galiläa.
Du redest zu denen, die im Schatten leben,
im Schmerz, in der Entbehrung,
und sagst: Selig seid ihr.

Selig seid ihr Armen, die nichts mitbringen
an eigenem Reichtum
und alles von Gott erwarten.
Euer ist das Himmelreich.

Du meinst nicht die Starken,
die das stärkere, reichere Leben suchen,
indem sie die Armut wählen,
sondern die anderen, die ihre Armut
als hoffnungsloses Elend erleiden.

Du sagst: Selig, die arm sind, geistlich,
das heißt arm an dem, was der Geist geben will.
Du meinst die Armen,
die erdrückt sind vom äußeren Elend
und darum Mangel leiden auch an innerer Kraft.

Denen nicht nur das Brot fehlt,
sondern auch die Hoffnung und der Glaube,
das Vertrauen, dass ihr Leben Sinn hat,
dass eine Hand sie führt,

dass einer da ist, der sie kennt,
sie wahrnimmt.

Glücklich sind sie, sagst du.
Nicht weil sie Gelegenheit haben,
Geduld und Ergebung zu lernen.
So hat man erst später die Armut vergoldet.
Glücklich nennst du sie,
weil Gott sie ihrer Armut entreißen wird.

Glücklich, die vor der Tür stehen.
sie werden eintreten.
Sie werden ihre Sehnsucht mitbringen.
Und sie werden glücklich sein.

II MAHL DES FRIEDENS

DIE FUSSWASCHUNG

Am Abend des Passafests feierte Jesus mit seinen Freunden das letzte Mahl. »Vor dem Essen aber stand er auf, legte das Obergewand ab, nahm einen Schurz und band ihn um. Danach goss er Wasser in ein Becken, wusch ihnen die Füße und trocknete sie mit dem Schurz.« (Johannes 13,4f.)

An jenem Tag suchte Jesus in Jerusalem einen Raum, in dem er mit seinen Jüngern das Passa feiern konnte. So sandte er zwei von ihnen in eine bestimmte Straße der Stadt. Sie sollten nach einem Saal suchen, der sich eignete. Da in den Tagen des Passa nach jüdischer Sitte alle Häuser den Pilgern von außerhalb gastlich offenstanden, fanden sie ihn und bereiteten das Mahl vor. Aber es war an diesem Abend wohl kein Diener zu finden, der die übliche Waschung der Füße vorgenommen hätte. Die aber war nötig, wenn ein Gast sich zu Tisch legen sollte, nachdem er in offenen Sandalen einen Tag lang durch Sand und Schmutz der Straßen gegangen war.

Weil nun kein Diener anwesend war, übernimmt Jesus selbst diese Arbeit. Das war höchst ungewöhnlich, ja im Grunde undenkbar, denn der »Meister« einer Gruppe von Schülern war damals strikte Autorität und der ihm anhängende Jünger zu jeder Dienstleistung verpflichtet. Aber Jesus wollte offenbar den Gedanken eine Deutung geben, die er schon in der Zeit seiner Wirksamkeit in Galiläa geäußert hatte. Er gibt für einen Augenblick seinen Rang als Meister, als Prophet, als Lehrer ab, beugt sich den von ihm Abhängigen und zeigt, wie Frieden und Gemeinschaft zustande kommen: so, dass der Stärkere den Platz, den er einnimmt, nämlich oben zu sein, abgibt und den untersten einnimmt.

Fußwaschung – was geschieht eigentlich dabei? Fußwaschung war und ist im Orient etwas anderes, als was wir Abendländer darunter verstehen. Da kommen Menschen von einem langen Weg, von staubigen, unebenen Straßen. Sie tragen weder festes Schuhwerk noch Strümpfe. Sie sind müde. Nun betreten sie einen bergenden Raum. Sie dürfen sich ausruhen, sich wohl fühlen, sich entspannen. Sie müssen nichts tun.

Die Fußwaschung im Orient – arabische Märchen zeigen es bis heute – ist mehr als Abwaschung des Straßenstaubes. Sie ist, wie wir sagen würden, Massage des Fußes und das heißt Belebung, Entspannung des ganzen Menschen. Fußwaschung ist Behandlung von Verletzungen der Füße, ist Salbung mit Öl, ist eine Wohltat am ganzen Menschen. Wer die Füße in der Hand hat, nimmt den ganzen Menschen in die Hand, so, als läge der Zugang zum ganzen Körper im Fuß, der Zugang auch zum Herzen und zur Seele. Fußwaschung ist eine Liebkosung, ein Akt der Freundlichkeit, der Zärtlichkeit geradezu. Die Füße waschen, streicheln, massieren heißt den Menschen annehmen, ihm Wohlbefinden, Gelassenheit, Ruhe an Leib und Seele geben.

DREI ABSCHIEDSZEICHEN

Der Kreuzweg des Jesus von Nazareth hat genug an Schrecklichem. An seinem Anfang aber stehen drei Zeichen, die seinen Sinn deuten.

Da ist zuerst das zarte Zeichen der Maria von Betanien, die Salbung, die Inthronisation eines Königs. »Sie goss Salbe auf sein Haupt«, das Haupt, das wenige Tage danach die Dornenkrone tragen wird.

Da ist das Zeichen, das Jesus selbst gibt, das sanfte, freundliche Zeichen der Fußwaschung. Es ist das Zeichen der Wohltat an jenen Füßen, die nur Stunden später die Jünger auf ihrer Flucht davontragen werden, hinaus in alle Richtungen.

Und da ist das dritte, das Mahl der Gemeinschaft derer, die in Kürze allein, verlassen und zerstreut sein werden, die nicht mehr wissen werden, wohin sie gehören, und die doch sich und ihren Meister wiederfinden sollen in der Erinnerung an dieses Mahl.

BROT UND WEIN

»Und er setzte sich nieder und die Apostel mit ihm, und er sprach zu ihnen: Ich habe mich sehr danach gesehnt, dieses Passalamm mit euch zu essen, ehe ich leide. Er nahm den Kelch, sprach den Segen und sagte: Nehmt auch ihr. Trinkt ihn miteinander, denn ich werde von dieser Frucht des Weinstocks nicht mehr trinken, bis das Reich Gottes kommt. Dann nahm er Brot, sprach den Segen, brach es in Stücke, gab jedem davon und sagte: Das ist mein Leib, der für euch gegeben wird. Tut so zu meinem Gedächtnis.« (Lukas 22,14-19)

Dieses Stück aus dem Lukasevangelium wird heute von den meisten Auslegern für die zutreffendste Darstellung gehalten, die wir vom letzten Mahl Jesu mit seinen Jüngern haben. Es war üblich, dass Pilger am Passa in Jerusalem gastlich aufgenommen wurden und die besten Räume ihnen offenstanden. Sie pflegten sich mit einem großzügigen Geschenk dafür zu bedanken. Wo das Mahl stattfand, wissen wir nicht. Der Platz im vornehmen Viertel unmittelbar neben dem Palast des Kaiphas, wo man heute den Saal zeigt, ist eher unwahrscheinlich. Es kann auch ein Raum in der unteren Stadt mit ihren bescheideneren Wohnungen gewesen sein. Dass es ein Passa war, ein Sedermahl, wie die Juden sagen, scheint mir ausgemacht. Alles, was Lukas erzählt, entspricht dem Ritual eines Passamahls. Aber wichtiger als die historischen Einzelheiten ist der Sinn, den Jesus diesem Abendessen gab und den wir nachvollziehen.

Brot und Wein sind die Zeichen der Stunde. Das Brot beschreibt in der Bibel immer wieder die Mühsal des Menschenlebens, es beschreibt den Weg, den das Korn nimmt: Es wird ausgestreut. Es stirbt in der Erde. Es geht als Korn zugrunde, und die neue Pflanze wächst aus seinem Tod. Die bringt erneut Frucht. Die Frucht wird gedroschen, gemahlen und gebacken, bis endlich das Brot entsteht, von dem der Essende lebt.

Der Wein aber ist das Zeichen des Festes. Die Traube wird vom Stock gebrochen. Sie wird getreten, ihr Saft wird aufgefangen und seinem Werdegang überlassen, bis der Wein da ist, das kostbare Getränk der Freude und der Ekstase.

Beides aber nimmt Christus als Gleichnis für sich selbst, der nach der langen Geschichte menschlicher Mühsal das Fest bringen wird.

Es ist das zweite Geschenk dieses Abschiedsabends. Das erste war die Berührung der Füße. Das zweite ist nun das Mahl. Eine Gruppe, von einem langen Weg kommend, findet einen Raum, findet Tisch und Bank, findet Trank und Speise, findet einen Gastgeber für Leib und Seele. Die vielen Einzelnen finden Geborgenheit in einer Gemeinschaft, finden das Vertrauen und das Gespräch. Sie erinnern sich all der Gastmähler, zu denen ihr Meister im Namen seines Vaters die Menschen eingeladen hatte, damals in Galiläa, in den Dörfern am See, jene Mähler, in denen das geschwisterliche Gottesvolk zum ersten Mal sichtbar geworden war. Das Mahl wurde ihnen zum Bild für das Ziel des Menschenlebens, die Geborgenheit im Reich Gottes.

WAS NEHMEN WIR MIT?

Das Mahl, das Jesus mit seinen Jüngern an jenem Abend feierte, ging nach wenigen Stunden zu Ende. Seither feiern wir es in allen Kirchen der Erde. Wir feiern es und gehen danach auseinander. Was nehmen wir mit? Ich denke an vier Fähigkeiten.

Die Fähigkeit zunächst, den Frieden unter den Menschen zu vermissen. Die Fähigkeit, ihn zu erhoffen, ihn zu schaffen. Wie wichtig wird es uns künftig sein, ob einer lutherisch oder reformiert, katholisch oder orthodox oder vielleicht ein Baptist ist? Haben wir schon deutlich genug verstanden, wie unbeschreiblich vergangen all das ist, was heute noch zwischen den Konfessionen der Kirche steht? Die Konfessionen sind für mich ein verstaubter Rest von Aufbrüchen, die irgendwann vor Jahrhunderten geschehen sind und die in ihrer Zeit einmal sinnvoll waren, die aber ihren Sinn dadurch einbüßten, dass sie sich in einer Sonderkirche irgendwelcher Art etablierten. Für mich gibt es nur Menschen, die sich auf irgendeine Weise, auf ihre besondere vielleicht, als Volk Gottes versammeln. Frieden ist heute rund um die Erde die Hauptaufgabe derer, denen an jener Gerechtigkeit gelegen ist, von der Jesus so eindringlich sprach: Frieden zwischen Völkern, zwischen sozialen Schichten, zwischen Generationen, Frieden überall, wo Menschen zusammenleben.

Eine zweite Fähigkeit möchte ich nennen: Feinfühligkeit für das Geheimnis der Fruchtbarkeit der Erde. Wenn wir

Brot und Wein in die Hand nehmen, dann geht uns auf, wie sehr wir unser leibliches Leben der Erde verdanken: der Krume, dem Wind, der Sonne, dem Regen, der unerhört reichen Welt kleiner und kleinster Lebewesen, die die Erde fruchtbar machen, den so unvorstellbar fein organisierten Vorgängen des Wachstums und der Vermehrung. Wir können wissen, dass der Mensch nicht vom Brot allein lebt. Aber wir können auch begreifen, dass das Brot nicht durch den Menschen allein geschaffen wird. Wenn wir darum Brot und Wein in die Hand nehmen, geht uns auf, dass das elementare Leben nicht abseits des geistlichen Lebens liegt, dass es vielmehr vom spirituellen Leben und Empfinden durchdrungen sein will, von Ehrfurcht und Einsicht. Wer darum Brot und Wein genießt, übernimmt Verantwortung für die Fruchtbarkeit der Erde. Verantwortung für die Felder und Weinberge, die zugrunde gehen unter der Geistlosigkeit und der Habgier, in der die Menschheit heute mit ihren kostbarsten Gütern umgeht. Wenn wir Brot und Wein in die Hand nehmen, bekennen wir, dass wir beides nicht geschaffen haben, sondern entgegen nehmen, dass die Erde nicht uns gehört, dass wir vielmehr als Gäste dieser Erde unser Brot essen.

Ein dritte Fähigkeit: Sensibilität für das, was gerecht wäre. Wenn wir vom Tisch aufstehen und uns auf der Erde umsehen, erkennen wir, dass wir zu den Reichen gehören und ein Großteil der Menschen hungert. Das liegt heute vor aller Augen. Und was auch vor aller Augen liegt, das ist das unsagbar falsche Wirtschaftssystem, das wir für das beste und erfolgreichste halten, das System der Marktwirtschaft. Denn es verewigt die Ungerechtigkeit dadurch, dass es den Interessen der einen dient auf Kosten der anderen. Man gebe einem modernen Volkswirtschaftler einen Laib Brot und bitte ihn, diesen gerecht zu verteilen. Er wird vielleicht zeigen können, wie man auf den Mond fährt, aber scheitern an dem Problem, wie man auf dieser Erde Brot verteilt. Jesus hatte mit freier Wirtschaft nie etwas im Sinn, wohl aber mit sozialer Gerechtigkeit.

Der Überflussgesellschaft in unseren Breiten entspricht die Wegwerfgesellschaft. Wir ersticken an unserem Überfluss, das Brot quillt aus den Mülltonnen. Nahrung, die für Millionen Menschen ausreichte, wird in unserem Land alljährlich vernichtet, weil sie niemand kauft. Niemand schreit ob dieses ungeheuren Verbrechens. Jesus aber sagt: Ich reiche dir Brot. Ich teile es. So geh auch du hin und teile, was dir gegeben ist. Die Erde ist euer gemeinsamer Tisch, und das Mahl, das ihr mit mir feiert, bildet ab, was auf dieser Erde mit Brot und Wein und allen anderen Gaben Gottes geschehen soll.

Eine vierte Fähigkeit: den Zustand von Menschen dieser Zeit wahrzunehmen. Wenn wir vom Mahl aufstehen, sehen wir die vielen, die in Angst, Mattigkeit oder Depression dahinleben, ohne Antwort auf ihre Fragen und ohne Hilfe in ihrer Mühsal. Und wir verstehen, dass das heilige Mahl ein Fest ist gegen die Schwermut. Ein Fest der Hoffnung auf das Ende des Elends in den Menschen. Ein Fest der Hoffnung auf das Reich Gottes, das auf dieser Erde wachsen und in Gottes Ewigkeit sich vollenden soll. Wer eine Depression überwunden hat, erlebt seine neuen Kräfte wie ein Fest. So feiern wir mit allen, die neue Hoffnung brauchen, mit Liedern, Lichtern, Blumen und kostbaren Gefäßen. Wir feiern einen Aufbruch und sagen den Mutlosen: Dein Weg führt dich noch ein gutes Stück weiter auf dieser Erde. Aber er ist ein Weg in Gottes Reich.

Eine dunkle und gefährliche Frage, die vielen Menschen wie eine Last auf der Seele liegt, darf nicht ausgeklammert werden: Wie steht es mit dem bedrohlichen Wort des Apostels Paulus im ersten Brief an die Korinther 11,27-29, es gebe ein »unwürdiges Essen und Trinken«, und wer dies tue, der esse und trinke sich selber ins Gericht? Bin ich würdig, eigne ich mich zum Tischgenossen des Christus? Auch da möchte ich ein klares Wort sagen. Es mag sein, dass es zu Zeiten des Paulus Gruppen von Christen gegeben hat, deren Mahlfeier etwas Unwürdiges an sich hatte, dass da gesoffen und gefressen wurde auf irgendeine unappetitliche Weise. Das geht uns nichts an. Uns geht an, wie Jesus verfahren ist, wenn er Menschen von irgendwoher zu seinen Gastmählern in Galiläa eingeladen hat. Da ging kein Sündenbekenntnis voraus und auch keine feierliche Vergebung der Sünden. Da wurde einer eingeladen, und mit der Einladung war gesagt: Du bist mir recht, so wie du kommst. Bring alles mit und lege es vor die Tür. Es spielt jetzt keine Rolle mehr. Du bist jetzt mein Gast, und damit ist alles gut. Waren die zwölf engsten Freunde Jesu »würdig«? Waren es die fragwürdigen Gestalten von den Straßen und aus den

Dörfern in Galiläa? Nein »würdig« war keiner, aber eingeladen und am Tisch bewirtet wurde jeder, der es wollte. Der Wille am gemeinsamen Tisch zu sitzen, ist die einzige Würdigkeit, die wir mitbringen. Und sie genügt.

Am Ende des Mahls steht der Segen, den wir einander zusprechen. Mit »Segen« meinen wir die Kraft des Wachstums und der Fruchtbarkeit. Segen heißt: Es soll etwas Neues in uns entstehen, aus dem wiederum Neues hervorgeht. Es soll in uns etwas gedeihen, das für andere Menschen zu Brot wird. Eine Frucht des Friedens und der Gerechtigkeit. Der Segen sagt: Gott lasse dich wachsen und gedeihen. Er lasse dich blühen und Frucht bringen. Sei nun ein Segen für viele, die ihren Heimweg suchen durch die kurzen Tage und Nächte dieses Lebens, auch am kommenden Tisch Gottes.

SELIG, DIE FRIEDEN STIFTEN

Selig, sagt Jesus,
selig sind, die Frieden stiften.
Sie werden Töchter und Söhne Gottes heißen.

Wenn die Bibel von Söhnen spricht,
dann meint sie den Bevollmächtigten,
den Stellvertreter, den Mitarbeiter.
Die Söhne tun das Werk des Vaters,
wer den Sohn sieht, sieht den Vater.

Töchter und Söhne sind daran kenntlich,
dass sie Kriege beenden,
nicht daran, dass sie siegen oder recht haben.
Daran, dass sie lieber unrecht haben
als Krieg und Streit fortzusetzen.

Jeder noch so leise Streit ist Krieg,
denn wer streitet, sieht im anderen den Feind.
Aller Hass ist Krieg,
denn er will die Auslöschung des anderen.
Ehrgeiz ist Krieg,
denn er sucht die Erniedrigung des anderen:
Misstrauen ist Krieg,
denn es fordert Selbstverteidigung.
Lüge ist Krieg:
Ausschluss des anderen vom gemeinsamen Tisch
ist Krieg.

Frieden schaffen heißt: Vertrauen gewähren,
Freiheit, Bejahen, Verzeihen.
Güte zeigen, Schutz geben, Bergen.

Daran zeigt sich, wer eine Tochter;
ein Sohn Gottes ist:
dass der Friede von Gott,
der Friede des heiligen Mahls,
durch einen Menschen auf die Erde kommt.

Selig ist er. Glücklich. Erfüllt.
Er ist selbst, was andere durch ihn sind:
Empfänger des Friedens.

III IN GETHSEMANE

SCHLAFEN – WACHEN

»Nach dem Abendessen verließen sie den Raum, gingen ins Kidrontal vor die Stadt hinaus und kamen zu einem Gehöft mit Namen Gethsemane. Das Evangelium erzählt darüber: »Dort sagte Jesus zu seinen Jüngern: Setzt euch hier! Ich will drüben beten. Er nahm Petrus, Jakobus und Johannes mit und fing an zu trauern und zu zagen: Meine Seele ist betrübt bis an den Tod, bleibt hier und wacht! Und er ging ein Stück weiter, warf sich auf die Erde und betete, wenn es möglich sei, so möge doch diese Stunde an ihm vorübergehen. Und er sprach: Vater, mein Vater! Alles liegt in deiner Macht, lass diesen Kelch an mir vorübergehen! Aber nicht, wie ich will, sondern wie du willst! Als er wieder zu ihnen kam, fand er sie schlafend und weckte Petrus: Schläfst du? Kannst du nicht eine Stunde wachen?« (Matthäus 26, 38-40)

Sie kommen unten an. Zwischen Ölbäumen lassen sich die Jünger nieder, und Jesus entfernt sich einen Steinwurf weit von ihnen. Er ist allein mit seinem Vater. Es wird erzählt, er habe sich dreimal von seinen Jüngern entfernt und sei dreimal wieder zu ihnen zurückgekehrt, um ihren Beistand, mindestens ihr Mitdenken und Mitentscheiden zu erhalten. Aber sie hätten geschlafen. Sie waren offenbar durch die Situation überfordert. So ist Jesus allein.

Der Schlaf und das Wachen betreffen nicht nur die äußere Situation. Sie sind im Evangelium auch Gleichnisse für die Weigerung oder die Bereitschaft des inneren Menschen, die Begegnung mit Christus anzunehmen oder sich ihr zu entziehen. Er kann das Heil verschlafen oder, wenn er wach bleibt, dem Sinn seines Daseins begegnen.

Deine Seele muss erwachen, sagen die Seelenführer der christlichen Geschichte und meinen: Du kannst sonst keine Klarheit gewinnen über den Willen Gottes, der sich in deinem Schicksal vollzieht, und keine Klarheit über den großen, neuen Anfang, den Gott dir zugedacht hat. Sie wissen wohl, dass die Müdigkeit ihren Grund und die Kräfte der Seele Grenzen haben, aber sie sagen mit aller Entschiedenheit: Wenn du in deiner Seele dem Schlaf zu viel Raum gibst, bist du, ohne es zu wissen, schon in der Gewalt des Todes. Wenn du das Leben willst, musst du wach werden. Du musst deine Kräfte zusammennehmen, du musst deine Gedanken sammeln, auf deine Empfindungen achten, deine Erfahrungen prüfen. Es könnte sein, dass Gott einen Anfang in dir macht und du darüber hinweg schläfst, so dass dir der neue Mensch am Ende wieder entrissen wird, gefangen, abgeführt, ermordet. Heimlich, in der Nacht, in der du nicht acht hast

Die Bibel sagt: »Alles hat seine Zeit.« (Kohelet 3) Schlafen hat seine Zeit, und Wachen hat seine Zeit. Das ist wahr. Aber manchmal – das sagt die Bibel auch – ist es gut, zu wachen auch in der Stunde des Schlafs (vgl. 1 Thessalonicher 5,5ff.).

Es wird auch erzählt, Jesus habe das Bild von einem »Kelch« gebraucht. Kurz vorher hatte er den mit Wein gefüllten Kelch gesegnet, der beim Passamahl herumgereicht wird. Und er hatte gesagt: Trinkt. Das ist mein Blut. Nun wird eben dieser Kelch zum Bild des Leidensschicksals, das ihm droht. So wird beim ersten Mal berichtet: »Er ging ein wenig weiter, fiel nieder auf sein Angesicht, betete und sprach: Mein Vater, wenn es möglich ist, dass dieser Kelch an mir vorübergeht, dann lass ihn vorübergehen. Aber nicht wie ich will, sondern wie du willst.« Beim zweiten und dritten Mal habe er gesagt: »Mein Vater, wenn es nicht möglich ist, dass dieser Kelch an mir vorübergeht und ich ihn trinken muss, so geschehe dein Wille.« Und am Ende habe er die Jünger aufgefordert: »Auf! Die Stunde ist da! Der Verräter kommt!« (Matthäus 26, 46)

DER JUDASKUSS

Die Passionsgeschichte fährt fort: »Während Jesus mit seinen Jüngern redete, kam ein Trupp Soldaten von der Tempelwache, dazu eine Gruppe römischer Soldaten. Einer von den zwölf Jüngern, Judas, führte sie an, trat auf Jesus zu und küsste ihn. Da fragte ihn Jesus: Judas, verrätst du mich mit einem Kuss? ... Zu den Anführern der Truppe, unter denen auch Priester vom Tempel waren, sprach Jesus: Mit Schwertern und Knüppeln kommt ihr daher, als gälte es, einen Räuber zu fassen. Bin ich ein Räuber? Saß ich nicht Tag für Tag bei euch im Tempel, und niemand hatte den Mut, mich festzunehmen? Aber das ist eure Stunde, die Stunde, in der die Finsternis die Macht hat.« (Lukas 22,47f. und 52f.)

Die eigentliche Tragödie der Leidensgeschichte ist die des Judas. Denn Judas hat nicht nur den Ort verraten, an dem Jesus sich aufhielt, sondern vor allem seine Sache. Judas, wenn ich ihn recht verstehe, hoffte, Jesus werde sich zum König ausrufen lassen. Aber ihm schien, Jesus versäume mit seiner Zurückhaltung die Stunde, in der dies möglich war. So wollte er Tatsachen schaffen, die Jesus zwingen, sich zu offenbaren und die Macht zu ergreifen. Ich glaube, dass Judas Jesus liebte. Er verriet ihn nicht ohne Grund mit einem Kuss. Er verriet ihn freilich auf seine eigenmächtige Weise und scheiterte. Anders können wir nicht verstehen, warum er sich, als sein Verrat geglückt war, erhängte.

Am Ende verlief die Lebens- und Todesgeschichte des Judas eigentümlich parallel zu der Jesu. Er endete an dem Baum, an dem er sich erhängte. Jesus selbst endete an dem Baum, an den die Henker ihn hängten. In Dantes »Göttlicher Komödie« ist Judas einer der drei Verräter, die im Zentrum der Hölle im ewigen Eis eingefroren sind und dort vom Teufel in Ewigkeit zerkaut werden. Der unterste der Verdammten. Aber ich fürchte, unser Bedürfnis nach Strafe für den Bösen führt uns auf falsche Wege. Wenn der Irrtum des Judas eine ewige Verdammnis wert sein soll –, was soll dann mit dem Irrtum all der Unzähligen geschehen, die Jesus nicht verstanden, die ihn verleugneten, die ihn verrieten? Ist nicht unzählige Male auch das Bekenntnis zu Jesus im Grunde ein Verrat an ihm je nach dem Geist, den es atmet? Im korrekten Dogma, in der korrekten Moral war ja oft das Bekenntnis zu Jesus der Kuss, mit dem die Christenheit ihn an den Geist ihrer Zeit verraten hat.

Nein, Judas, war einer von uns. In jedem von uns ist Judas. Und wenn wir, wie wir hoffen, in die Erlösung eingehen, wird Judas mit dabei sein, der Jünger, der er gerne sein wollte, das Kind Gottes, das er bleibt. Der Baum, an dem er sich erhängte, stand nicht weit vom Kreuz seines Meisters. Der Weg des Judas kann nicht weit vom Weg Jesu, dem er doch mit all seinen Irrtümern hatte dienen wollen, geendet haben.

DER DUNKLE GOTT

Das dunkelste Wort unserer Szene ist das von der »Finsternis«: »Das ist eure Stunde. Jetzt hat die Finsternis die Macht.« Wer hat die Macht? Ist Gott plötzlich aus dem Spiel? Und wer ist das, die Macht der Finsternis? Wem dienen die Männer, die in den Garten eindringen? Hatte Jesus nicht eben noch gesagt: »Es geschehe dein Wille«? Was bewirkt dieser Wille nun noch, wenn es die Finsternis ist, die bestimmt, was geschieht?

Kaum irgendwo in der Bibel loten wir so tief in den Abgrund Gottes hinab wie hier. Kaum irgendwo wird uns so bewusst, wie kühn es ist, von Gott als dem »Vater im Himmel« zu reden. Könnte es nicht sein, dass der »Vater« nur die eine Seite Gottes wäre, die »Macht der Finsternis« aber die andere, die ihm ebenso angehört? Ist es denn falsch, wenn wir vom Dämonischen oder gar vom Satanischen reden? Entspricht beidem nicht eine abgründige, mächtige Wirklichkeit? Man schreibt Bücher über das »sogenannte Böse« und findet es natürlich und keineswegs als Macht. Aber gibt es nicht doch ein wirklich Böses? Wir täuschen uns, fürchte ich, wenn wir meinen, was die Bibel »Finsternis« nennt, lasse sich mit ein wenig Psychologie, Verhaltensforschung oder Soziologie abdecken. Ist das Böse des Dritten Reichs aus der Bosheit Hitlers allein zu erklären oder ist das nicht doch auch das dunkle Erdreich des Bösen, aus dem das einzelne Verbrechen oder ein verbrecherisches System sich erhebt?

Mit gut gemeinter Veränderung der Verhältnisse ist viel Gutes zu erreichen, aber nicht das Böse zu beseitigen. Es erlischt keineswegs, wenn irgendwo ein Brandherd ausgetreten ist. Es ist auch noch keineswegs geklärt, wenn man die Gründe seines Auftretens meint begriffen zu haben. Es ist nicht nach Personen einzugrenzen, nicht nach Ländern, nicht nach Systemen, nach Schichten oder Menschengruppen. Wer ihm nachgeht, befindet sich nach wenigen Schritten im verzweigten Labyrinth dessen, was wir das Menschenleben überhaupt nennen.

Wen meint also Jesus mit der »Macht der Finsternis«? Und wessen Stunde hat nun geschlagen, wenn in ihr der Wille Gottes geschehen wird, von dem er kurz zuvor gesprochen hatte? Ist es nicht die Stunde Gottes?

Wer wirklich mit Gott zu tun hat und nicht mit einem mehr oder weniger harmlosen Bildchen vom »lieben Gott«, den wird das Grauen erfassen vor dem, den er preisen und anbeten soll. Der »dunkle Gott«, der »unbekannte«, der »verborgene«, von dem Martin Luther sprach, ist eine Wirklichkeit, die diese ganze Welt durchdringt und weit über sie hinausreicht. Was wir von Gott wissen, was uns auf dieser Erde klar sein kann, das ist ein höchst eingeschränktes, höchst unscharfes Bild von den abgründigen Möglichkeiten, die in Gott sind. Es ist kein akademisches Problem, es ist vielmehr das Elend, an dem heute Millionen Menschen leiden, wenn nicht zerbrechen.

Die Gottesfinsternis, die dunkle Nacht der Seele, die Anfechtung oder wie immer die Mystikerinnen und Mystiker des Mittelalters, die Reformatoren und viele andere Christen von früher und von heute sich ausdrücken, bedeutet eine elementare Bedrohung. Sie bedeutet Lichtlosigkeit, Bodenlosigkeit, Verworfenheit, Selbstverlust, Tod. Da tasten sich die großen Glaubenden der christlichen Geschichte – und gerade sie – aus der tiefen Nacht der Gottverlassenheit oder der Gottesangst zurück zu irgendeiner Erfahrung der Güte dieses selben Gottes, ohne Hoffnung ihn zu finden, ohne zu wissen, wo er überhaupt zu suchen sei, ob in seiner Finsternis irgendwo ein Licht, irgendwo im Nichts noch sein Fülle erfahrbar sei. Wenn aber in Gott kein Licht zu finden ist, erscheint die christliche Rede vom »Vater« für unzählige Menschen dieser Zeit eine fromme Phrase, die man tunlichst vermeiden sollte.

Dass wir als Christen nicht nur von »Gott allgemein« reden, sondern sehr bewusst von Jesus Christus, das hat hier seinen Grund. Jesus hatte die Kühnheit, angesichts einer von Gewalt und Unrecht erfüllten Welt von einem uns zugewandten, freundlichen Gesicht Gottes zu reden und sich ihm anzuvertrauen. Er sprach ihn auch im Garten Gethsemane noch als seinen »Vater« an. Wir aber trauen ihm zu, dass er wusste, wovon er sprach, und dass er ein Recht und einen Grund hatte, Gott so anzureden. Wir nennen in ja den »Christus«, das heißt den von Gott Eingesetzten, Beauftragten. Wir nennen ihn in unserer verwegenen Bildersprache den »Sohn«, den also, der zu diesem Vater in einer besonderen Nähe stand, und vertrauen uns ihm an.

SELIG SIND DIE BARMHERZIGEN

Selig sind die Barmherzigen.
Sie werden Barmherzigkeit erlangen.

Selig, wer seinem Feind barmherzig begegnet.
Wer brauchte Barmherzigkeit nötiger
als der, dessen Herz in Feindschaft erstarrt ist?
Selig, er begegnet dir, Jesus,
in seinem Feind.

Selig, wer seine Freiheit aufgibt,
um barmherzig zu sein.
Wer seine Hände binden lässt
und keinen Hass empfindet.

Selig nennst du die Barmherzigen,
die dem Freiheit geben,
der selbst gebunden ist.
Sie sind ein Auge für die Blinden,
ein Ohr für die Tauben,
Verstand und Herz für den Schwachen,
der seinen Hass braucht,
um in seinem Leben Sinn zu finden.
Sie sind ein Zeichen des Glaubens
für die Ungläubigen,
eine Hoffnung
den Hoffnungslosen.

Selig sind sie, weil sie an die Zukunft glauben,
in der Gott sich aller erbarmen wird.
Der Leidenden und derer,
die Leid zufügen.
Sie tun, so gut sie es verstehen,
so gut es gelingen will, was Gott tut,
und verlassen sich auf ihn,
den Barmherzigen.

Selig sind sie,
sie werden von seiner Güte leben,
mit allen seinen Geschöpfen
im Frieden seiner Barmherzigkeit,
den wir das Reich Gottes nennen.

IV DAS RECHT UND DIE WAHRHEIT

In vielen Kirchen reihen sich an den Wänden die Bilder des Kreuzwegs. Sie wollen uns helfen, den Weg des Christus und unseren eigenen zusammenzusehen und das Schicksal, das uns zugedacht ist, mit ihm zusammen und mit freiem Willen zu übernehmen. Frühere Generationen waren dem Glück des Lebens nicht ganz so anspruchsvoll zugewandt wie die unsere und haben darum Leid und Tod nicht wie die unsere solange verdrängt, bis das brutale Bild des Todes unmittelbar vor Augen stand. Sie haben den Weg Christi bewusst eingeübt. Sie gingen den Kreuzweg Station um Station mit, um dem Christus in ihnen Raum und Weg zu bereiten. Sie versuchten ihn einzulassen, damit sie nicht allein waren, nicht verloren und verlassen in der Stunde der Angst.

Was wir heutigen Menschen wiedergewinnen könnten, ist die Fähigkeit zu hören und zu schauen. Wer hört und sieht, was sich um ihn her begibt, begegnet immer auch dem Leid. Aber die Betrachtung der Leidensgeschichte des Christus schützt ihn davor, Leid und Tod verdrängen zu müssen. Sie ist das innere Training, das hilft, Einsamkeit, Schmerzen, Krankheit und Sterbenmüssen zu ertragen. Den Kreuzweg mitzugehen ist eine Einübung auch in die Kunst, zu erkennen, bei welcher Stunde die Uhr unseres Lebens in Wahrheit steht. Denn diese Stunde schlägt jetzt, und wir bestehen sie nicht, wenn wir uns in die Vergangenheit zurückwünschen oder von der Zukunft träumen.

DIE VERHANDLUNG VOR DEM
HOHEN RAT UND VOR PILATUS

»Danach führten sie Jesus zu dem Hohenpriester Kaiphas,
wo die Schriftgelehrten und die Ältesten sich versammelt
hatten. Der Hohepriester aber und der ganze Rat suchten
ein falsches Zeugnis gegen Jesus, aufgrund dessen sie ihn
töten könnten. Und obwohl viele falsche Zeugen vortraten,
fanden sie doch nichts. Zuletzt traten zwei vor und sprachen: Er hat gesagt: Ich kann den Tempel Gottes abbrechen
und in drei Tagen aufbauen. Da stand der Hohepriester auf
und fragte Jesus: Antwortest du nichts auf das, was diese
zwei gegen dich aussagen? Aber Jesus schwieg. Da sprach
der Hohepriester: Ich stelle dich unter Eid bei dem lebendigen Gott, dass du uns sagst, ob du der Christus bist, der
Sohn Gottes. Jesus antwortete: Du sagst es ... Da zerriss der
Hohepriester seine Kleider und sprach: Er hat Gott geläs-
tert. Was bedürfen wir weiterer Zeugen? Was ist euer Urteil? Sie sprachen: Er ist des Todes schuldig. Da spien sie
ihn ins Angesicht und schlugen ihn mit Fäusten. einige
aber schlugen ihn ins Gesicht und sprachen: Du bist doch
ein Prophet! Sage uns, wer war es, der dich eben schlug? «
(Matthäus 26,57-68)
»Und die ganze Versammlung stand auf, und sie führten
ihn vor Pilatus. Und sie klagten ihn an: Dieser hetzt unser
Volk auf und verbietet, dem Kaiser Steuern zu zahlen. Er
sagt, er sei der Christus, ein König. Pilatus aber fragte ihn:
Bist du der König der Juden? Er antwortete: Das sagst du!
Pilatus antwortete den Priestern und dem Volk: Ich finde

keine Schuld an diesem Menschen. Sie wurden noch ungestümer und riefen: Er hetzt das Volk damit auf, hier in Judäa und von Galiläa an bis hier.« (Lukas 23,1-15)

Jesus wurde, wie man errechnet hat, am 7. April des Jahres 30 nach dem geltenden Besatzungsrecht hingerichtet, nicht durch einen Justizirrtum, sondern durch einen legalen Gewaltakt, wie er Hunderttausende damals und seither vom Leben zum Tode gebracht hat, wenn sie nicht so wollten wie die, denen die Macht gegeben war.

Also gab des doch ein »geltendes Recht«? Gewiss. Aber eben dies bedeutet etwas Wichtiges. Nämlich dass die Christen von Anfang ihrer Geschichte an dem jeweils geltenden Recht gegenüberstanden. Sie wussten immer oder konnten es wissen, was alles an Unrecht, an Quälerei, an Menschenfeindlichkeit durch das korrekte, geltende Recht gedeckt werden kann. Wo nichts gilt als die pure Rechtsordnung, da geht das Leben der Menschen vor die Hunde. Da ist zwar das Eigentum geschützt, da werden die Diebe bestraft, da sperrt man die Bankräuber ein, wenn man sie findet. Aber wenn nur das Recht gilt, kann man Frauen noch lange nach allen Regeln der Kunst unterdrücken, die Alten entmündigen und die Behinderten vom Leben ausschließen. Mann kann sogar Krieg führen. Das Recht hat nichts dagegen.

Wo nur das Recht gilt, dürfen Häuser leer stehen, während Tausende und Abertausende eine Wohnung suchen. Da darf man mit Grund und Boden schachern auch wenn am Ende eine menschenfeindliche Stadt dabei herauskommt.

Da werden die Straßen rechtwinklig und die Häuser zu Luxusgegenständen, da verkümmern die Menschen auf dem Beton, und die Stadt wird Zug um Zug mit dem geltenden Recht unbewohnbar, jedenfalls dort, wo, wie in unserem Land, nichts so heilig ist wie das Eigentum. Als ich vor Jahren im unruhigen Berlin-Kreuzberg öffentlich in einem dafür angesetzten Forum nach der Rechtmäßigkeit eines Polizeieinsatzes fragte, bei dem ein junger Mann ums Leben kam, und, was damals durch die Polizei geschah, mit den Vorschriften verglich, die für die Polizei in unserem Land gelten, warf mir der damalige Regierende Bürgermeister von Berlin öffentlich vor, ich stellte mich über das Recht, obwohl mir später das Berliner Verwaltungsgericht meine Einwände bestätigte. Dabei hatte ich noch nicht einmal am Recht Kritik geübt, sondern nur seine Geltung eingefordert.

RECHT, DAS DEN MENSCHEN DIENT

Wer nach dem Recht fragt und ob es durch die Instanzen wirklich geschützt sei, die dafür eingesetzt sind, muss sich nicht wundern, wenn er als Störer des Rechtsfriedens behandelt wird. Jesus Christus jedenfalls, den sie vor fast 2000 Jahren hingerichtet haben, hat sein kurzes Leben damit zugebracht, sich mit denen zusammenzutun, die unter irgendeinem Gesetz zu leiden hatten. Es ist kein Zufall, dass man ihn am Ende rechtmäßig zum Tod verurteilt hat. Er trat immerhin für eine Gerechtigkeit ein, die mit dem geltenden Recht nicht zu gewinnen war. Wenn Christen heute öffentlich handeln, muss davon etwas spürbar sein: von Hingabe an das, was Menschen brauchen und was ihnen nicht gewährt wird; von Stellvertretung für die, die dem geltenden Recht ausgeliefert sind; vom Bestehen auch auf die Einhaltung des Rechts durch die Rechtsinstanz. Das Recht ist eine große und durch nichts anderes ersetzbare Chance für ein menschenwürdiges Zusammenleben. Menschliches Recht hat auch mit Barmherzigkeit zu tun und mit Hilfe für die Schwachen. An seiner Grenze hebt das Recht sich selbst auf, wenn es dem obersten Rechthüter eines Staates die Vollmacht zur Begnadigung des Rechtbrechers anvertraut.

Das beharrliche Mühen und eine ständige menschennahe Verbesserung des Rechts ist auch eine christliche Aufgabe, die dann so lauten kann: »Wer wenig im Leben hat, soll viel im Recht haben.« Der ständige Missbrauch des Rechts rund um die Welt durch seine korrekte Wahrung wird die

Christenheit immer an jenen Richter erinnern, der nicht umsonst im Glaubensbekenntnis stets gegenwärtig ist, und sie ermutigen, unerschrocken und sensibel dem komplizierten Menschenleben ein Recht nachzubilden, das den Menschen dient.

»WAS IST WAHRHEIT?«

Als Pilatus Jesus vor sich stehen sah, fragte er ihn nach dem Sinn seines Anspruchs, ein König zu sein. Da antwortete Jesus: »Ja, ich bin ein König. Ich bin dazu geboren und in die Welt gekommen, für die Wahrheit zu zeugen. Wer aus der Wahrheit ist, hört meine Stimme. Da fragte Pilatus: Was ist Wahrheit? Und als er das gesagt hatte, ging er hinaus zu den Anklägern und sagte zu ihnen: Ich finde keine Schuld an ihm.« (Johannes 18,37f.)

Man mag in der Frage des Pilatus eine verächtliche Abwehr gegen den Anspruch, den Jesus erhebt, sehen, etwa in dem Sinn: Was soll das Geschwätz? Man mag aber auch die Frage eines erfahrenen Machtmenschen darin sehen, der oft erfahren hat, dass, was sich als Wahrheit ausgab, etwas ganz anderes war als die Wahrheit. Und man mag heute nach Jahrhunderten der Bemühung großer Denker, die alle nach Wahrheit gestrebt haben, die immer und immer wieder überzeugt waren, sie gefunden zu haben, und die immer neu sich von vorn auf den langen Weg machen mussten, sie zu finden, die Frage des Pilatus an die ganze Kulturtradition der Menschheit richten: Was ist denn von alledem, was sich als Wahrheit ausgibt, wirklich Wahrheit?

Es geht der Wahrheit nicht gut in dieser Welt. Einer deckt sie auf. Zehn andere decken sie wieder zu. Im Palast etwa des Richters und Machthabers Pilatus wird Wahrheit beansprucht. Derselbe Palast ist ein Monument der Gewalt, das sie verdeckt. Der Statthalter weiß als Römer der Zeit des Kaisers Augustus –das Römische Reich war für antike Verhältnisse durchaus ein Rechtsstaat –, dass das Recht auf der Seite der Wahrheit zu sein hat und die Unwahrheit das Recht herausfordert. Über diese Anforderung hinaus muss es Pilatus durchaus irritieren, dass hier einer die Wahrheit so bezeugt, dass er sein Recht nicht wahrnimmt. Dass einer sich nicht wehrt, sich nicht verteidigt, das ist ihm eine fremde Welt. Wie soll er dabei begreifen, was ihm zu schützen aufgetragen ist? Und wie soll er begreifen, wie sehr ein Mensch im Übergang zu Gottes Reich leben muss, um die Wahrheit zu verstehen? Denn wir schauen die Wahrheit vermutlich nicht bis zu unserem letzten Tag. Ich hörte einmal einen sagen: Ein Fisch sieht das Meer erst glänzen, wenn er sterbend am Strand liegt.

Die Leidensgeschichte des Jesus von Nazareth ist ein unüberhörbarer Aufruf an uns, wach zu sein, wenn die Ordner und Richter dieser Welt an der Arbeit sind, und misstrauisch gegen die Macht zu sein, wenn sie behaupten, sie müsse um unsretwillen erworben und gesichert werden. Denn das Recht ist eine Gewalt, die der Gewalt das Recht streitig macht. An dieser Stelle genau, zwischen Recht und Gewalt, findet die Leidensgeschichte statt, nicht nur die des Jesus, sondern die so vieler Menschen.

Eine sehr sprechende Geste beschließt die Szene vor Pilatus: »Pilatus sprach zu denen, die ihn anklagten: Was soll ich mit Jesus, von dem ihr sagt, er sei der Christus, tun? Sie antworteten: Lass ihn kreuzigen. Er fragte weiter: Was hat er denn Böses getan? Sie schrien aber noch mehr: Lass ihn kreuzigen! Als Pilatus sah, dass er nichts ausrichtete, nahm er ein Becken mit Wasser, wusch sich die Hände und sprach: Ich bin unschuldig an seinem Tod. Seht ihr selbst zu!« (Matthäus 27,22-24)

Das Händewaschen des Pilatus ist in der Geschichte seitdem zu einem dunklen Symbol geworden für das, was Menschen angesichts offenbaren Versagens oder offenbarer Schuld zu tun pflegen. Ich bin unschuldig. du bist schuldig. So konjugiert sich, wie wir alle die Anerkenntnis unserer Schuld verweigern. Wir lieben die Wahrheit. Wir wollen sie sehen, schließen aber die Augen.

Der Afrikaner David Diop hat unter der Überschrift Pilatus heute seine Passionsgeschichte in die Verse gefasst:

»Der Weiße hat meinen Vater getötet:
mein Vater war edel.
Der Weiße hat meine Mutter geschändet:
meine Mutter war schön:
Der Weiße hat meinen Bruder
auf sonnigen Straßen zusammenbrechen lassen:
mein Bruder war stark.
Der Weiße hat sich dann gegen mich gewendet
mit seinen roten Händen voll schwarzem Blut
und mit seiner Herrenstimme:
›He, Boy, ein Handtuch mit Wasser‹«

Wer Jesus einmal wirklich begegnet ist, der weiß, dass hier uns Menschen Wahrheit angeboten ist: Gerechtigkeit,

Frieden; Hoffnung. Und er weiß, dass wir selbst diejenigen sind, die die Stimme der Wahrheit zum Schweigen bringen, sobald sie uns wirklich betrifft. Und er weiß, dass er sich nicht mit Jesus identifizieren soll, der vor Pilatus steht, sondern mit Pilatus selbst. Er kommt dabei der Wahrheit um ein entscheidendes Stück näher.

SELIG, DIE HUNGERN UND
DÜRSTEN NACH GERECHTIGKEIT

Selig sind, die hungern und dürsten
nach Gerechtigkeit.
Sie sollen satt werden.

Wenn du, Jesus, das »heilige Volk« sahst,
dann war es zerrissen
in Gerechte und Ungerechte,
in Gesegnete und Verfluchte.
Aber du wolltest ein geschwisterliches Volk,
in dem alle Töchter und Söhne Gottes heißen sollten.
Darum sagtest du:
Selig, der hungert nach Gerechtigkeit für alle
nach dem Ende von Hass und Verdammung.

Nicht den preist du selig,
der von der bösen Welt fordert,
sie solle ihm Gerechtigkeit schaffen,
sondern den, der wach ist
für das Unrecht,
das dem anderen geschieht.

Selig sind, die Gerechtigkeit suchen dort,
wo sie entsteht:
Wo einer die Schuld der Vielen trägt,
damit sie in Gerechtigkeit leben.

Gott wird ihre Augen schärfen,
dass sie mehr Unrecht wahrnehmen,
das Unrecht an den Zertretenen und Verstreuten,
den Hungernden und den Flüchtigen,
sie können der Gerechtigkeit auf dieser Erde
zu Stand und Wesen helfen.
Sie empfangen Gerechtigkeit
und werden sie verfechten.
Sie glauben an Gottes Gerechtigkeit
und werden ihr Werkzeug sein.

Wir wollen hungern und dürsten,
damit Gerechtigkeit
unter unseren Händen entsteht
und viele satt werden
mit uns und durch uns
und das Leben finden.

V AUF DEM WEG NACH GOLGATHA

Es ist am Morgen nach dem Abendmahl und den Gesprächen im vertrauten Kreis. Sie waren spät abends hinausgegangen in den Garten Gethsemane, in dem sie zu übernachten pflegten. Und dort war es geschehen: Die Soldaten der Tempelwache waren in den Garten eingedrungen, Jesus war gebunden und zum Hohenpriester Hannas gebracht worden, danach zum amtierenden Hohenpriester Kaiphas und durch dessen Urteil aus der jüdischen Volks- und Glaubensgemeinschaft ausgestoßen. Er wurde dem römischen Statthalter Pilatus überstellt mit der Anklage, er rufe zum Aufruhr gegen die römische Macht auf. Pilatus versuchte, ihn an den Provinzkönig von Galiläa, Herodes, abzuschieben, aber der sandte ihn wieder zurück. Und sogleich erfolgte die Geißelung des Angeklagten, die Verurteilung zum Tode durch Kreuzigung, die Verspottung durch die römischen Soldaten und die Übergabe Jesu an das Hinrichtungskommando. Es war alles eine Sache weniger Stunden gewesen: »Als sie ihn verspottet hatten, nahmen sie ihm den Mantel ab, zogen ihm seine Kleider wieder an, und führten ihn ab, um ihn zu kreuzigen.« (Matthäus 27,31)

DIE KLAGENDEN FRAUEN

Mitten auf dem Weg hinaus aus der Stadt an die Stätte der Hinrichtung kommt etwas Neues in das Geschehen hinein: »Es folgte Jesus eine große Volksmenge und auch Frauen, die klagten und ihn beweinten. Jesus aber wandte sich um zu ihnen und redete sie an: Ihr Töchter von Jerusalem, weint nicht über mich! Weint über euch selbst und eure Kinder. Denn es wird eine Zeit kommen, in der man sagen wird: Selig sind, die keine Kinder geboren haben, selig die Brüste, die nicht gestillt haben. Dann wird man zu den Bergen sagen: »Fallt über uns! Und zu den Hügeln: Verbergt uns! Denn wenn man das tut am grünen Holz, was wird erst mit dem dürren geschehen!« (Lukas 23,27-31)

Am Morgen, so stelle ich mir vor, machte die Nachricht die Runde in Jerusalem: Jesus von Nazareth soll gekreuzigt werden! Die Menschen liefen zusammen, hinauf zu Prätorium und an den Weg, der durch das Gartentor zum Richtplatz führte. Und sie sahen ihn, wie er – das war üblich – den Querbalken zu dem Kreuz, an das er geschlagen werden sollte, auf den Schultern hinauswankte, umgeben und getrieben von römischen Soldaten.

Wenn einer vor seiner Hinrichtung noch ein Recht hatte, dann dies: dass man um ihn klagte. So folgen Jesus Frauen und klagen. Ein Teil wird sich jedem angeschlossen haben, der so hinausgeführt wurde, weil es zur Sitte gehörte. Ein anderer Teil dürfte wohl aus Frauen bestanden haben, die Jesus verehrten. Ihre Klage kam aus dem Herzen, aus der verzweifelten Erkenntnis: In wenigen Stunden wird er tot sein. Die Matthäus-Passion von Johann Sebastian Bach beginnt mit der ergreifenden Anrede an die »Töchter von Jerusalem«, wie Jesus sie nennt:

»Kommt, ihr Töchter, helft mir klagen,
sehet – wen? – den Bräutigam,
seht ihn – wie? – als wie ein Lamm!«

Auf den letzten Stationen der Leidensgeschichte erscheinen plötzlich Frauen, nachdem der ganze Prozess unter Männern stattgefunden hatte. Sie erscheinen wie ein ganz neues Element. Und in ihnen erscheint eine neue Sensibilität. Eine neue Wachheit. Eine neue Bereitschaft, unter dem entsetzlichen Geschehen zu leiden. Frauen werden uns von dieser Stunde des Wegs nach Golgatha an begleiten bis in den Ostermorgen hinein. Der Tod und die Auferstehung, das sind die Mysterien, in denen die Frauen zu Hause sind mit ihrer Fähigkeit mitzugehen, zu klagen, zu leiden, standzuhalten und wach zu bleiben.

Aber noch mehr: Während Jesus – die Jünger scheinen in alle Winde zerstreut – zur Hinrichtungsstätte geführt wird, und die öffentliche Meinung sich einig ist, dieses Urteil sei zu Recht ergangen, treten Frauen auf als ein Element zivilen Ungehorsams. Sie folgen ihm auf dem Weg, das heißt: Sie bezeugen, dass sie ihn für unschuldig halten. Es ist in solchen Fällen ein kleiner Schritt dahin, dass eine solche Klage als Demonstration gegen die römische Macht verstanden und niedergeschlagen wurde. Aber die

Frauen folgen dem Exekutionskommando und bezeugen, dass sie zu dem Verurteilten stehen.

Es ist gedankenlos, wenn wir in unseren Passionsgebeten gelegentlich formulieren: »Alle haben dich verlassen.« Denn nur die Jünger verließen ihn. Die Frauen versuchten, in aller Ohnmacht bei ihm zu sein. Sie versuchten da zu sein, auch wenn sie nicht helfen konnten. Aber in unseren Gedanken über die Passionsgeschichte spielt dieses große und starke Bekenntnis der Frauen kaum eine Rolle.

Jesus wendet sich an die Frauen. Er sagt ihnen, auch er klage, und es sei gut zu klagen; freilich nicht über ihn, sondern über Jerusalem, über das Geschick der Menschen, das Geschick ihrer Kinder. Denn was hier an ihm geschehe, das werde sich tausendfach wiederholen an den Bewohnern der Stadt.

Als die Kinder dieser Frauen erwachsen waren und ihrerseits Kinder hatten, eine Generation später, standen rund um Jerusalem Tausende von Pfählen, von Holzkreuzen, an die die Römer erbarmungslos jeden Bewohner Jerusalems nagelten, der ihnen in die Hände kam.

SIMON AUS KYRENE

»Als sie ihn abführten«, so berichtet die Passionsgeschichte weiter, »ergriffen sie einen Mann, Simon aus Kyrene (dem heutigen Tripolis in Afrika), der vom Feld kam, und luden ihm den Balken auf, damit er ihn Jesus nachtrage.« (Lukas 23,26)

Offenbar hatte Jesus nicht mehr die Kraft. Da kommt irgendein Bauer daher, einer, der aus Nordafrika eingewandert war. Er ist müde und hungrig. Er will nach Hause, er will niedersitzen, ruhen und essen. Die Henkersknechte packen ihn: Da, du Jude, nimm das Holz! Trag es ihm nach! Sie zwingen ihn. Es gibt keinen Ausweg.

Wir begegnen Christus nicht auf seinem Weg und werden nicht wie Simon aufgegriffen, um ihm das Kreuz zu tragen. Wir leben unser Leben und sind glücklich über unsere Freiheit. Aber es mag durchaus sein, dass uns eine Stunde schlägt, in der uns das Los trifft: Da! Trag du das Kreuz dieses Menschen! Dann hängt das Gelingen unseres Lebens daran, ob wir bereit sind zuzufassen. Ob wir willens sind, Stellvertreter zu werden für die Wehrlosigkeit und Schwäche von anderen Menschen und Stellvertreter für Christus, der uns den Weg mit seinem Kreuzbalken voranging. Denn es mag sein, dass wir Gott suchen und nicht finden. Es mag sein, dass wir unsere eigene Seele suchen ohne sie zu finden, dass wir aber einem anderen Menschen begegnen, der unsere Güte braucht, und alle drei dabei finden: Gott, die eigene Seele und den anderen Menschen.

Und wenn uns dieses Kreuz eines anderen selbst Last bringt? Dann gilt, was von allem Leid gilt, das für uns wichtig ist: Wir können es nur überwinden, indem wir es – und sei es bis an die Grenze unserer Kraft – durchwandern.

Simon aus Tripolis in der Kyrenaika, dem heutigen Libyen, muss als erster wirklich das Wort Jesu erfüllen: »Wer mir angehören will, der nehme sein Kreuz auf sich und folge mir nach.« Vielleicht hundert Meter weit, länger ist der Weg nicht vom Gartentor bis zur Hinrichtungsstätte, trägt er das Kreuz. Ich vermute, dass er sich mit Händen und Füßen gesträubt hat. Gegen diese Nähe zum Leiden wehrt sich jeder Mensch, so lange es geht, und schließt Augen und Ohren, wenn es ihm auf der Straße entgegenkommt. Jeder versucht sich in einer Scheinwelt einzurichten, in der das Leiden nicht vorkommt, und lebt so an der Wirklichkeit vorbei.

Warum ist es gerade von ihm verlangt und nicht von einem von den hundert anderen, die herumstehen? Das braucht er nicht zu verstehen. Die Frage: »Warum muss das jetzt sein und warum das mir?« brauchen wir nicht zu stellen. Es gibt keine Antwort. Wir brauchen nur zu sehen, dass der andere in diesem Augenblick auf geheimnisvolle Weise Christus ist und dass es für uns einen wichtigeren und heilvolleren Weg in diesem Augenblick nicht gibt. Zugreifende Güte und tragende Geduld sind dann das Zeichen des Christlichen. Geduld, wie das Neue Testament sie beschreibt, heißt wörtlich aus dem Griechischen übersetzt: darunter bleiben.

DAS SCHWEISSTUCH DER VERONIKA

Am Weg zum Kreuz begegnet uns eine Frau mit Namen Veronika. Ich weiß nicht, ob sie wirklich gelebt hat oder ob sie ihre Existenz einer Legende verdankt. Im neuen Testament steht nichts von ihr. Dennoch ist sie mir wichtig. Es wird erzählt, sie habe mit den anderen Frauen zusammen Jesus auf seinem Weg begleitet. Als sie sah, wie Jesus das Blut und der Schweiß über das Gesicht liefen, habe sie ihm ihr Schweißtuch gereicht. Er habe es genommen und auf sein Gesicht gedrückt. Als er es zurückgab, seien seine Züge auf dem Tuch sichtbar gewesen.

Das Schweißtuch der Veronika ist eine Erfindung des Glaubens. Es drückt etwas aus, was mir wichtig ist. Wir geben einem leidenden Menschen irgendetwas von uns selbst. Zum Beispiel eine Stunde Zeit, in der wir etwas anderes hätten tun wollen. Danach trägt die Stunde das Gesicht des Leidenden. Wir geben ihm eine Mühe, einen Verzicht. Und die Mühe kommt mit dem Gesicht des Leidenden zu mir zurück. Der Verzicht trägt seine Züge. Als ich einmal mit meiner Frau durch ein Dorf in Bosnien fuhr, hielten uns Leute an und baten uns, einen Mann, der bei einem Verkehrsunfall verletzt worden war, in das Krankenhaus der nächsten größeren Stadt zu bringen. Nach dem Transport trugen die Polster in unserem Wagen die Spuren seiner Verletzungen, seiner Angst und seiner Panik, Blut und Schweiß: das »Schweißtuch der Veronika«. Kein Leidender gleicht einem anderen, aber alles Leid ist von derselben Würde und Wichtigkeit. Wenn wir keinen

Trost spenden können – mit dem Mann aus jenem Dorf konnten wir uns mit keinem Wort verständigen –, so können wir doch, Veronika zeigt es, ein Trost sein. Und dabei empfangen wir eine Spur vom Bild des Christus, das in uns entstehen soll.

SELIG, DIE UM DER GERECHTIGKEIT WILLEN VERFOLGT WERDEN

Selig, die um der Gerechtigkeit willen
verfolgt werden.
Ihnen steht das Himmelreich offen.

Selig, sagst du, die Unrecht erleiden,
denen Hass begegnet,
weil sie für Gerechtigkeit kämpfen.
Die leiden,
weil sie Unrecht und Leid beim Namen nennen.

Sie gehen deinen Weg.
Sie treten für die Verfolgten ein,
darum trifft sie die Verfolgung.
Sie wollen die Versöhnung mit dem Feind,
darum werden sie selbst zu Feinden
in den Augen derer,
die nicht leben können ohne Feind.
Sie rufen auf zum Verzicht auf Gewalt,
und nehmen den Menschen die Sicherheit,
die auf Gewalt beruht
und ernten ihren Hass.

Der Weg ist schmal, sagst du,
wenn ihr mir nachfolgt.
Nehmt euer Kreuz auf euch.
Tragt es hinter mir her.

So werde ich gegenwärtig sein
in euch und in eurem Leid,
und ihr findet den Weg und den Zugang
zu meinem Reich.
Und euer Leiden wird der Anfang sein
eurer Erlösung.
Der Anfang des Glücks.

VI DIE KONSEQUENZ DER LIEBE

DAS KREUZ – SCHANDMAL UND HOFFNUNGSZEICHEN

Die Passionsgeschichte berichtet: »Es wurden aber auch andere hinausgeführt, zwei Übeltäter, die man mit ihm zusammen hinrichten wollte. Und als sie an den Ort kamen, kreuzigten sie ihn dort und die beiden anderen mit ihm, einen zu seiner Rechten und einen zu seiner Linken. Jesus aber rief: Vater, vergib ihnen! Sie wissen nicht, was sie tun. Und sie verteilten seine Kleider und warfen das Los darum: Und viele Menschen standen da und sahen zu. Aber seine Gegner aus dem Hohen Rat spotteten und sprachen: Er hat anderen geholfen. Er helfe sich nun selbst, wenn er Christus ist, der Auserwählte Gottes ... Es war aber über ihm ein Schild, auf dem stand: Dies ist der König der Juden.« (Lukas 23,32-38)

Das Kreuz, Schandmal menschlicher Henkersphantasie, ist bei uns Christen allzu leichthin zum Schmuckstück geworden, zum Element der Dekoration und der Architektur und vielleicht ein wenig voreilig zum Zeichen des Heils. In Wahrheit gehört es mit dem elektrischen Stuhl und der Guillotine, mit der Blausäuredusche in den KZs, mit den Holzstößen, auf denen man Hexen verbrannte, zu den schrecklichsten Folterinstrumenten, die die Menschheit je erdacht hat. In diesem Zeichen aber sehen wir kein Heil, sondern den versammelten Sadismus der Menschheit.

Das Kreuz ist auch ein Zeichen für all das, worunter Menschen leiden, woran sie zugrunde gehen, woran sie hängen und sterben. Wer das Kreuz ansieht, muss sehr empfindlich werden für alles, was Menschen einander antun. Wir leben im Grunde davon, dass Jesus für uns, die Quäler und gedankenlosen Spaziergänger auf den Richtplätzen dieser Erde, die ihren Anteil am Unrecht und die Auswirkungen ihres Tuns und Lassens so leicht verdrängen, bittet: »Vater, vergib ihnen, sie wissen nicht, was sie tun.« Und dass darin auch liegt: Vergib ihnen, obwohl sie sehr klar wissen könnten, wo irgendein Mensch in ihrer Nähe sein »Mich dürstet!« schreit oder sein »Mein Gott, warum hast du mich verlassen?«

Durch den Tod, den Jesus am Kreuz starb, wandelt sich das Zeichen des menschlichen Sadismus in das Zeichen einer Liebe, die sich hingibt: einer Liebe, die die Erlösung des gebundenen Menschen in uns sucht und dafür auch den Tod nicht verweigert. Jesus hätte von Gethsemane aus auch fliehen können und weiterleben auf irgendeine Weise. Was er gesagt hat und was durch ihn in die Welt kam, wäre dann vergessen worden. Auch wohl widerlegt. Es wäre mit Recht untergegangen. Dass wir uns dieses Zeichen vor Augen stellen, hängt mit der Erfahrung zusammen, die uns an Christus begegnet: Ein Mensch ist nirgends so frei, so stark und liebesfähig, steht nirgends so glaubwürdig für sein Lebenswerk ein wie dort, wo er sein tödliches Leiden ohne Hass durchsteht. Damit verherrlichen wir nicht das Leid und behaupten auch nicht, das man es suchen müsse. Im Gegenteil, wir bedenken das Leiden offener, um den Ruf der Liebe, der in ihm ergeht, zu vernehmen. Wir wehren das Leiden von den Menschen ab, wo immer es gelingen kann, und verändern die Verhältnisse in der Welt so, dass sie eine Welt für fühlende Wesen werden kann. Das Kreuz ist das Ende der Gleichgültigkeit. Es ist der Anfang der Freiheit und der dankbaren Hingabe, das Zeichen einer unüberwindlichen Liebe.

Diese Liebe gilt für alle Menschen, nicht nur für die Christen. Sie gilt der ganzen Welt, nicht nur den Menschen. Sie gilt allen seinen Geschöpfen. In sie sind wir eingefasst mit allen unseren Aufträgen und Schicksalen, mit unserer Liebe und unserer Schuld, mit unserem Glauben und unserem Versagen. In diesem Zeichen geschieht die Erlösung der Kinder Gottes, unsere eigene Erlösung.

In dieses Zeichen des Todes und des Lebens versenke ich mich in der Hoffnung, nicht im Tod zu versinken. Ich weiß, wenn ich sterbe, werde ich den Sinn meines Lebens nicht erfüllt haben. Ich werde das dreierlei Leid erfahren, das uns Menschen im Tod bewegen wird: Dass ich an dem, was ich gesammelt habe, nicht satt geworden bin. Dass ich, was ich erhofft habe, nicht erreicht habe. Und dass ich keinen Vorrat gesammelt habe für den Weg, der vor mir liegt. Dazu kommt, dass meine Liebe zu klein war und mein Sinn für Gerechtigkeit mein Leben nicht geprägt hat. Da wird dieses Zeichen der umfassenden Liebe Gottes mir helfen, zu glauben, dass Christus, der für die Armut und Verlassenheit der Menschen sein Leben gab, mein Leben zu seinem eigentlichen Ziel führen wird.

AN DER GRENZE

»Es waren aber dort (wo Jesus gekreuzigt wurde) auch Frauen, die von ferne alles mit ansahen, unter anderem Maria Magdalena, Maria, die Mutter des Jakobus und des Joses, und Salome... Und am Abend kam Josef von Arimathäa, ein Ratsherr, der fasste den Mut, zu Pilatus zu gehen, und bat ihn um den Leichnam Jesu ... Er kaufte eine Leinwand, nahm Jesus vom Kreuz ab und hüllte ihn in das Tuch.« (Markus 15,40-46)

»Es war aber eine Stelle, an der er gekreuzigt wurde, ein Garten und darin ein neues Grab, in dem noch nie jemand gelegen hatte. Weil aber wegen des Sabbats, an dem man mit Toten nichts zu tun haben durfte, Eile geboten war, legten sie Jesus dort hinein, weil das Grab so nahe war.« (Johannes 19,41f.)

»Und Josef von Arimathäa wälzte einen Stein vor den Eingang des Grabes. Und Maria Magdalena und Maria, die Mutter des Joses, achteten darauf, wohin man ihn legte.« (Markus15,46f.)

Wir haben anfangs der Totenklage gedacht, die Maria von Betanien darin ausdrückte, dass sie Jesus »auf seien Tod« salbte (siehe S. 23 ff.). Nun sind es wieder die Frauen, die »darauf achteten, wohin man ihn legte« und danach am Ort bleiben. Was in diesen Frauen dabei vorging, können und wollen wir uns nicht vorstellen. Sie müssen geradezu zerstört gewesen sein nach allem, was sie erlebt hatten, zerrissen an Leib und Seele und am Ende ihrer Kraft. Ihre Kraft, dazubleiben und auszuhalten, ist die Außenansicht der abgründigen Klage, die sie erfüllte.

Klagen zu können ist ein tief reichendes Zeichen für die Menschlichkeit eines Menschen. Wer unfähig ist zu klagen, ist wahrscheinlich unfähig zu lieben. Denn wer einmal begreift, wie gefährdet alles Leben ist, der sucht es zu schützen. Und wenn er es nicht schützen kann, dann trauert, dann klagt er. Er wünscht, das Leben möge seinen Gang auf gute Weise nehmen. Es möge freundlich verlaufen und den schützen, der so gefährdet ist. So wird ein Mensch, der sensibel geworden ist und fähig zur Klage, auch fähiger sein, mit Dingen und Menschen freundlich umzugehen. Klage ist Ausdruck einer tiefen Sehnsucht nach Liebe im Gang der Welt, nach einer Liebe, die das Gefährdete, das Verletzliche schützt und bewahrt. Klage zeigt an, dass das Herz verwundbar ist.

Wenn ich das Kreuz anschaue, dann weiß ich: Ich bin einer, der ständig zerstört, was ihm an Glück, an Frieden, an Heil, an Gerechtigkeit angeboten wäre. Einer, der die Liebe zertritt, von der er leben könnte. Der die Wahrheit verdrängt, die ihm Klarheit bringen würde. Der den Sinn verfehlt, der in sein Leben gelegt ist. Der das Licht auslöscht, das ihn vor der Dunkelheit bewahren würde. Wer sieht, wie Ehen zerbrechen, wie das Vertrauen gebrochen wird, wie öffentlich und privat gelogen wird und gefälscht, wie Gewalt herrscht im Kleinen und im Großen, wo eigentlich gemeinsames Leben sein könnte, und wer weiß, dass er nicht anders ist und nicht besser als andere Leute, wer also sich nichts über sich selbst vormacht, den überkommt Trauer und Klage. Der Karfreitag ist der Tag der Klage. (»Kara« heißt altdeutsch Klage.) Der Liebende ist daran kenntlich, dass er seine Beteiligung an Gewalt und Unrecht nicht beschönigt und sich vor Anklage nicht schützt. Er trauert vielmehr darüber, dass die Liebe wie ein Fremdling über diese Erde geht und am Ende die Stadt verlässt, dass sie das Kreuz trägt und zuletzt am Kreuz sterben wird. Klage ist ein Leiden daran, dass die Liebe den Tod in sich hat.

Ich könnte den Karfreitag jedoch nicht ertragen, wenn nicht Ostern wäre. Ich würde ihn übergehen und vergessen wie so viele andere in unserer Zeit. Ich müsste ihm ausweichen, wenn ich nicht den Ostermorgen wüsste: das Leben aus dem Tod, das Leben nach dem Tod, das Leben trotz des Todes, Gerechtigkeit trotz des Unrechts, Liebe trotz der Brutalität, der Gewalt überall, Liebe aus Gott. Und am Ende: Wenn ich nicht eine Liebe wüsste, die sogar aus dem schrecklichen Geschehen dieses Tages im Jahr 30 ans Licht tritt.

AUS UND VORBEI?

»Und sie versiegelten den Stein.« (Matthäus 27,66) – Die Hoffnung auf Auferstehung versteht sich nicht von selbst. Viele Menschen um uns her wünschen sich, der Tod möge, wenn er kommt, endgültig sein. Sie bringen die Toten in ihre Gräber und versiegeln die Steine. Aus und vorbei. Wer das Leben kennt, hat nur schwer eine Hoffnung.

Viele Menschen unserer Zeit suchen im Leben die Hand Gottes und finden sie weder im Leben noch im Tod. So bleibt nichts als der tiefe Wunsch, im Tod doch einfach verlöschen zu dürfen, spurlos ins Nichts hinein erlöst zu werden, in einen Schlaf ohne Erwachen.

Das kann auch für Christen gelten. So schreibt der Dichter Reinhold Schneider (1903-1958) in seiner Schwermut: »Ich ziehe mich in den Kirchen am liebsten in die Krypta zurück. Ich höre den fernen Gesang. Ich weiß, dass Christus auferstanden ist. Aber meine Lebenskraft ist so sehr gesunken, dass sie über das Grab nicht hinauszugreifen, sich über den Tod hinweg nicht zu sehnen oder zu fürchten vermag. Ich kann mir einen Gott nicht denken, der so unbarmherzig wäre, einen todmüden Schläfer unter seinen Füßen, einen Kranken, der endlich eingeschlafen ist, aufzuwecken.« (Winter in Wien. Aus meinen Notitzbüchern 1957/58)

Es ist begreiflich, dass ein Mensch sich danach sehnt, es möge alles vollbracht sein. Aber wenn Jesus rief: »Es ist vollbracht«, meinte er nicht das zurückliegende Leben und

Leiden, sondern sein Werk. Dieses ist auf Zukunft angelegt, auf das Reich Gottes. Jesus starb nicht mit der Sehnsucht auf das Verlöschen, sondern mit dem Willen, für die Menschen eine Zukunft freizulegen, gerade auch für die Ärmsten untern den Verzagten.

Ob wir Gräber versiegeln oder nicht, vor uns allen liegt ein Erwachen. Vor uns liegt ein Weg voll neuer Erfahrungen, voller Begegnungen, ein Weg durch Räume, für die uns hier die Sinne fehlen, die wir aber durchaus ahnen können. Vor uns liegt, wenn wir die Augen geschlossen haben werden, nicht die Dunkelheit, sondern das Licht. Der Tag Gottes. »Ich bin das Licht der Welt«, sagt Christus. »Wer mit nachfolgt, wird nicht in der Finsternis sein, sondern das Licht schauen und in ihm leben.« (Johannes 8,12)

SELIG, DIE LEID TRAGEN

Selig sind, die Leid tragen,
denn sie sollen getröstet werden.

Was ist das für ein Trost, Jesus?
Was kann einen Menschen trösten,
der vor einem Grab sitzt?
Was kann Trost sein,
wenn das große Leid einkehrt,
die Einsamkeit, die Verlassenheit?
Kann ein Trauernder den wiederfinden,
der ihn verlassen musste?
Meinst du das?

Oder meinst du, das Leben,
das dem Tode folgt,
werde keine Trauer,
kein Vermissen mehr kennen,
weil es auf andere Weise erfüllt ist und gesegnet?

Ich weiß nicht recht, welches Leid du meinst.
Mein eigenes – oder das, das ich für andere trage?
Ich leide ja darunter dass so selten etwas gelingt.
Ich leide darunter, dass alles so wenig Sinn hat.
Ich leide unter Angst und Schmerzen.

Aber es ist ja so viel Einsamkeit auch um mich her.
Es werden so viel Schmerzen gelitten,

und der Tod tut seine schreckliche Arbeit,
die uns entreißt, was wir lieben.

Ich sage mir: Ich bin selig,
indem ich das Leid anderer trage,
denn ich tue, was du tust.
Ich steige in die Tiefe hinab
und nehme die Last auf.

Wenn wir Leid tragen, leiden wir mit dir.
Unser Trost ist der Trost, dass du lebst
und wir leben werden.
Selig sind wir, die das Leben erleiden
bis an die Grenze, die der Tod ist,
und den Tod bis an die Grenze,
die das Leben ist.
Denn wir gehen deinen Weg.

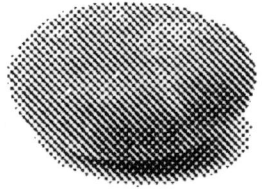

VII ZWISCHEN TOD UND AUFERSTEHUNG

KARFREITAG DER SCHÖPFUNG

»Und es war eine Finsternis über dem ganzen Land, und die Sonne verlor ihren Schein.« (Lukas 23,44)

Was mag sich in dieser Notiz der Leidensgeschichte ausdrücken? Trat zur Zeit des Todes Jesu »zufällig« eine Sonnenfinsternis ein? Oder ist es eine Legende? Oder liegt darin ein Wissen um einen größeren Zusammenhang, in dem das Christusgeschehen steht?

In seinem Trauergesang »Bei stiller Nacht, zur ersten Wacht ein Stimm begann zu klagen« klagt Friedrich von Spee mit dem im Garten Gethsemane verlassenen Jesus, für den »weder Hilf noch Trost vorhanden« sei. Dort fährt er fort:

»Der schöne Mond will untergehn,
vor Leid nicht mehr mag scheinen,
die Stern ohn Glanz am Himmel stehn,
mit mir sie wollen weinen.
Kein Vogelsang noch Freudenklang
man höret in den Lüften;
die wilden Tier traurn auch mit mir
in Steinen und in Klüften.«
(Trutznachtigall, 1649)

Es ist, als schließe sich die Kreatur zusammen zu gemeinsamer Trauer über das Schicksal des Christus, der nicht nur um der Menschen, sondern um der Kreatur insgesamt willen zu leiden habe.

Auch wir Menschen dürfen uns angesichts der Passion des Christus nicht aus dem kosmischen Zusammenhang lösen, um allein noch an unsere Seele zu denken. Glaube hat mit dem Ganzen der Schöpfung zu tun. Wir hören in der Bibel: Christus ist der Herr auch des Kosmos. Wir ehren Christus, aber wir leben, forschen, produzieren, als gehöre die Erde uns und als seien wir niemand, auch Gott nicht, Rechenschaft schuldig. Ist unser Umgang mit der Welt nicht Ausdruck einer brutalen Verachtung der Schöpfung und des Schöpfers, der leidenden Kreatur und des Erlösers der Leidenden?

Wir haben den Karfreitag der Schöpfung eingeläutet. Unter uns Christen träumen allzu viele noch den Traum von der Welt, die dem Menschen unterworfen und dienstbar sei. Bis sie zugrunde geht. Bis die Sonne ihren Schein verliert und es finster wird über der erfolgreichen Szene der Ausbeuter und Zerstörer.

Der Kosmos klagt. Wenn wir die Klage hören und sie nicht verdrängen, werden wir mitklagen, damit wir wach werden. Wir werden erkennen, dass eine Rettung nicht ohne Opfer zu haben ist. Wann sollten wir es begreifen, wenn nicht an dem dunklen Samstag nach dem Tod Jesu? Die Welt wartet darauf, dass die Christenheit anfängt zu begreifen. Denn Gott, der uns begegnet im Gesicht der Leidenden, begegnet uns heute umfassender denn je im Leiden der Kreatur. Vielleicht werden wir ihm ein letztes Mal begegnen, wenn der Tod nicht mehr nur nach Wäldern und nach Tieren greift, sondern nach uns und unseren Kindern.

Dass die Sonne ihren Schein verliert und die wilden Tiere mitklagen in Steinen und Klüften –, das sind keine Schnörkel um die Passion Christi her, sondern es ist eine Wahrheit, an der wir endlich erwachen sollten.

»HÖLLENFAHRT«

Die Passionsgeschichte greift noch tiefer in die Hinter- und Abgründe der Schöpfung. Der erste Petrusbrief schreibt: »Christus ist getötet worden, soweit er Mensch war. Er ist aber lebendig geworden aus dem Geist Gottes. Im Geist Gottes ist er abgestiegen und hat den Geistern im Gefängnis das Evangelium gebracht.« (1 Petrus 3,18f.)

Was wir da lesen, ist ein seltsames Wort. Es wird auch nicht begreiflicher dadurch, dass es im christlichen Glaubensbekenntnis vorkommt in der Formel: »Abgestiegen in das Reich des Todes.« Zwischen Tod also und Auferstehung sei Christus zur Unterwelt hinuntergefahren, zum Ort der Ferne von Gott. Die Osterikonen der orthodoxen Kirche und auch Bilder des abendländischen Mittelalters zeigen es anschaulich: Christus tritt in der Tiefe der Erde die Tür ein, hinter der die Toten aller Völker und aller Zeiten gefangen sind, und führt sie heraus, allen voran Adam und Eva.

Diese Bilder zeigen aber nicht nur das mythische Umfeld, dass nämlich die Toten in der Tiefe der Erde, weit unterhalb der Gräber, vorzustellen seien. Sie zeigen den Sinn dieses Gedankens und schließen ihn auf. Er hat den »Geistern im Gefängnis gepredigt« heißt es wörtlich. »Gepredigt« heißt nicht: Er hat ihnen eine Rede gehalten, um danach alles zu lassen, wie es war. Das hat es bei Jesus nie geheißen. Es heißt bei ihm vielmehr entlasten, befreien, heilen, befähigen, zu einem anderen und neuen Dasein helfen. Den Geistern im Gefängnis predigen heißt: befreien, herausführen, zum Leben bringen, was da im Untergrund der menschlichen Seele gefangen liegt.

Wenn in der Bibel vom Totenreich die Rede ist, dann ist eine Tiefe weit unter den Gräbern gemeint. Wer ins Grab gelegt wird, hat am Leben immer noch insofern teil als auch der tote Leib wieder zurückkehrt in den Kreislauf der Natur. Das »Innere der Erde« meint eine Abgründigkeit, die in diesem Sinn mit dem Leben nichts mehr gemein hat. In diesem tiefsten Reich der unteren Mächte aber ereignet sich eine Vorbereitung zur Auferstehung der Toten: ein Mysterienspiel, das der Christusgeschichte einen bis in die früheste Menschheitsgeschichte zurückgreifenden Sinn gibt. Es besagt, wenn Christus »aus dem Geist Gottes«, das heißt aus seiner Leben schaffenden Kraft, abgestiegen ist in das Schattenreich dieser Welt, können wir nicht mehr von einer Welt reden, die gespalten wäre zwischen einer lichten Höhe und einer dunklen Tiefe. Wir können sie also nicht mehr aufteilen zwischen Gott und Satan, zwischen der Welt oder dem Reich Gottes und dem Reich des Dunklen in einer von Gott abgewandten Welttiefe. Dann ist die Welt eins, nicht nur, weil Gott sie in ihrer Gänze erschaffen hat mit allen Mächten, die in ihr sind, sondern auch weil Christus alles umgriffen und einbezogen hat, was gegen Gott gerichtet war. Es geht um das Wissen, dass die Welt in sich eins ist. Dieses Wissen schließt sich uns im Zusammenhang des Leidens und des Todes Jesu Christi auf.
Eine dualistische Weltsicht, wie sie bis heute weite Bereiche des christlichen Nachdenkens bestimmt, steht dem-

nach zu allem im Widerspruch, was wir über den schaffenden Gott und über das Wesen und Werk des Christus glauben oder wissen können. Es bedeutet zugleich das Ende aller Höllenvorstellungen. Auch der Ausgang, das letzte Ende es Weltdramas kann nicht eine gespaltene Welt sein, in der Gott einen Teil regiert, die Hölle aber, das Gefängnis in der Welttiefe, den anderen Teil. Aus der Höllenfahrt ergibt sich der Gedanke von der Versöhnung auch des Satans, auch aller »Verdammten dieser Erde« mit Gott. Die »Allversöhnung« hat bei den größten Denkern der mystischen Tradition immer wieder ihre oft heimliche, oft auch ihre ausdrückliche Formulierung gefunden, ohne dass sie offiziell in die Lehre der Kirche aufgenommen worden wäre. Offenbar fürchtete man, ohne Hölle die Menschen nicht disziplinieren zu können. Christus jedoch wollte uns von allem befreien, was uns hindern könnte, mit Gott ins dankbare Einvernehmen zu kommen.

Das mythische Bild von der »Höllenfahrt« sagt auch etwas über Gott selbst. Ein Gott, der nur »oben« wäre, nur in der Höhe des Heiligen und des Guten, könnte uns kein Halt sein, wenn wir in irgendeine Tiefe abstürzen, in irgendeinen Abgrund des Erleidens oder des Verschuldens oder des Versäumens. Wir wären in der Tiefe von Gott verlassen. Das Bild vom Abstieg des Christus zu den Geistern im Gefängnis sagt uns: Wohin immer du abstürzen solltest, tiefer noch ist die Hand Gottes dir entgegengehalten, die dich auffängt. Jede Tiefe ist ein Ort Gottes. Die dunkle Tiefe und die Höhe des Lichts sind eins in ihm.

SELIG, DIE GEDULDIG
UND FREUNDLICH SIND

Selig sind, die geduldig und freundlich sind,
denn sie werden die Erde besitzen.

Unser Weg, sagst du, führt durch diese Welt,
durch alle Abgründe,
bis an den Anfang deines Reichs.
Aber du sagst nicht, unsere Seligkeit sei es,
diese Erde zu verlassen.

Du sagst, wir sollen heimisch sein
auf dieser Erde,
solange wir hier zu leben haben.
Wir hätten ein Heimatrecht hier
und sollen uns mit allem aussöhnen,
was uns in dieser Welt und auf dieser Erde
feindlich begegnet.

Wir sollen ohne Hass und ohne Waffen
auch den Mächten entgegentreten,
die uns so begegnen,
als kämen sie aus der Hölle.

Wir sollen geduldig in der langen Zeit leben,
in der die Dunkelheit um uns her
oder in uns selbst regiert.
Wir sollen freundlich umgehen auch mit dem,

was uns absurd scheint.
Denn in allem begegnet uns Gott.

Denn Gott ist auch in der Hölle,
er ist auch in dem, was uns böse,
was uns dunkel und unbegreiflich scheint.

Und so versöhnen wir uns auch mit der Erde
und mit ihren Abgründen
und finden dadurch Heimat in der Fremde,
Glück in einem dunklen Land.
So finden wir Gott
und damit unser Ziel,
den Sinn dieses Weges
und zuletzt uns selbst.

VIII VOR UNS DAS LEBEN

Was mit einem Menschen geschieht, dem das Liebste durch den Tod genommen wird, das ist sein eigenes Geheimnis. Alles, was andere mitempfinden, geht letztlich daran vorbei. Trauer ist Einsamkeit, und manchmal ist lange Zeit kein Ausweg sichtbar.

Es gibt in den Osterberichten des Neuen Testaments zwei Erzählungen, die die Wege solcher von Trauer befangenen Menschen andeuten und zeigen, wie sie zu einem neuen Anfang gelangen.

DIE MORGENSTUNDE
DER MARIA MAGDALENA

Es ist zwei Tage nach dem eiligen Begräbnis draußen vor der Stadt Jerusalem in dem Garten, der in der Nähe war. Eine Frau, die den Karfreitag über bei dem sterbenden Christus ausgehalten hatte, kommt am Morgen des dritten Tages an das Grab. Es ist Maria Magdalena. Sie hat, wie ich mir vorstelle, die Nacht in der tiefen Depression zugebracht, in der ein Mensch versinkt, wenn ihm der geliebte Andere durch den Tod entrissen wurde.

Wenn dann Maria Magdalena den Weg zum Grab geht, dann ist es, als sei ein Teil von ihr selbst gestorben und das Licht des Lebens erloschen. Es ist, als sänke sie selbst in ein Grab. Dort in diesem Grab, das die eigene Seele bereithält, ist sie dem Dahingegangenen näher als anderswo. Das Leben, das nach außen gelebt werden muss, ist gleichsam abgestorben. Die Lebensenergie hat sich in die Tiefe der Seele zurückgezogen. Wenn irgendwo das Leben weitergeht, dann in dem verborgenen Dunkel der Seele, die nun dem Geliebten als Grab dient.

Es ist dann nichts gewonnen, wenn wir einem Menschen wie Maria Magdalena sagen: Das Leben geht weiter! Kopf hoch! Nein, das Leben geht zunächst nicht weiter. Die Trauer will nicht abgestreift, sondern durchwandert sein. Der dunkle Schleier, den Trauernde tragen, tut, was auch die Tränen bewirken: Man nimmt die Welt nur noch wie durch einen Schleier wahr. Trauernde scheinen oft wie abwesend. Ihre Seele hat eine andere Aufgabe: Sie wacht an einem tiefen, dunklen Ort und will dort nicht gestört werden. – Jetzt aber ist irgendetwas geschehen. Maria Magdalena hört etwas. Sie hört ihren Namen: Maria! Und sie sieht – was sieht sie eigentlich?

»Maria«, so erzählt die Geschichte, »stand draußen vor dem Grab und weinte. Während sie weinte, schaute sie in das Grab und sah zwei Engel, weiß leuchtend, den einen da, wo das Haupt, den anderen dort, wo die Füße des Leichnams Jesu gelegen hatten. Die fragten sie: Warum weinst du? Sie antwortete: Sie haben meinen Herrn weggenommen und ich weiß nicht, wo sie ihn hingelegt haben. Als sie das gesagt hatte, wandte sie sich um und sah Jesus stehen und wusste nicht, dass es Jesus war. Da fragte Jesus sie: Warum weinst du? Wen suchst du? Sie meinte, es wäre der Gärtner, und sagte zu ihm: Herr, wenn du ihn weggetragen hast, dann sage mir, wohin, dann will ich ihn holen. Da sprach Jesus sie an: Maria! Sie wandte sich um und rief: Rabbuni! Das heißt: Mein Meister! Da fuhr Jesus fort: Rühre mich nicht an! Ich bin noch nicht zu meinem Vater aufgefahren.« (Johannes 20,11-17a)

Vor den Augen der Maria reißt der Schleier auf. Es ist, als würden alle Schatten weggerissen. Licht von drüben strahlt auf. Die Lebenskraft in Maria bricht wieder hervor. Es ist, als breche das Wasser, das sich in der Tiefe der Berge gesammelt hat, in einer Quelle wieder ans Licht. Indem Christus ihr als der Lebendige erscheint, steht mit dem neuen, inneren Bild von Jesus auch sie selbst auf. Von da an wird sie nicht mehr die stumme Totenwache in der Tiefe ihrer Seele halten, sondern wird im Gespräch mit dem inneren Christusbild auch das Gespräch mit den Menschen wieder aufnehmen. Sie hat ihre Kraft wieder gewonnen und eine neue, aus der anderen Welt kommende, dazu.

Maria empfängt nicht Jesus zurück, wie sie im ersten Augenblick gemeint haben mag, aber die Gegenwart des Christus. Und vor allem: Sie wird auf den Weg gesandt: »Geh!« Sie empfängt den Auftrag, aus sich selbst herauszutreten und zu reden: »Sage meinen Brüdern: ich kehre zu meinem Vater zurück und zu eurem Vater, zu meinem Gott und zu eurem Gott.« (Johannes 20, 17b) Sie soll also sich selbst und ihre Erfahrung aus dem Abstand sehen und verstehen lernen und darin aufs neue zu der Jüngerin werden, die Jesus dient. Andere sollen ihn durch sie schauen, wie sie selbst ihn geschaut hat. Und darin ist sie ganz und endgültig aus der Zone der Trauer ins Leben getreten.

DIE ABENDSTUNDE
DER EMMAUSJÜNGER

Maria Magdalena gehörte zu den Menschen, die nach innen trauern. Von zwei Jüngern Jesu ist berichtet, die zu den anderen gehörten, die gleichsam ihre Trauer nach außen wenden (Lukas 24,13-35). Sie hatten an jenem Ostertag von der Begegnung der Frauen mit Christus gehört, hatten aber dadurch den Weg aus ihrer Trauern nicht gefunden. So taten sie, was viele Trauernde tun: Sie suchten einen Weg in die Außenwelt. Sie fingen an zu laufen. Sie suchten mit ihrer Trauer dadurch zurechtzukommen, dass sie sich auf den viele Stunden dauernden Weg nach Emmaus machten. Was suchten sie in Emmaus? Wir wissen es nicht. Vielleicht war ihnen nur wichtig, in irgendeine Richtung zu gehen, um von Jerusalem, dem Ort des Schreckens, wegzukommen. Sie konnten nicht absteigen in die dunkle Welt ihrer Seele, sie konnten nur laufen, soweit ihre Füße trugen.

So gingen sie ihren Weg, und weil es in ihnen selbst stumm war, redeten sie miteinander. Ein Wanderer, den sie nicht kannten, schloss sich ihnen an. Sie ließen sich von ihm in ein Gespräch mitnehmen, sicher zögernd zuerst, aber dann doch ergriffen von seinen Worten. Die ziellos Wandernden wurden aufgenommen von seinen Worten, und die Worte gaben ihnen eine Richtung. Der Fremde trat an die Stelle ihrer stummen Seele und dachte für sie, sprach für sie. Nannte einen Gedanken, am dem sie weiterdenken konnten: War es nicht Gottes Wille, dass der Christus leiden und sterben musste? Er griff eine Erinnerung auf, die sie kannten: die Erinnerung an die Worte der Propheten, die dies zuvor schon gesagt hatten. Als sie endlich in dem Dorf anlangten, tat der Fremde so, als wolle er weitergehen. Aber sie baten ihn: »Bleibe bei uns, denn es will Abend werden, und der Tag hat sich geneigt!« Und er ging mit ihnen hinein, um bei ihnen zu bleiben. Da geschah es: Als er mit ihnen zu Tisch saß, nahm er das Brot, dankte, brach's und gab es ihnen, Da wurden ihre Augen geöffnet, und sie erkannten ihn.

Es ist eigentümlich, wie ganz anderes sich in der Emmausgeschichte die Begegnung mit Christus abspielt als die, die Maria Magdalena widerfahren war. Die Emmausjünger erkennen Jesus an der Geste, mit der er das Brot bricht. Auf dem Weg werden sie erinnert an das, was sie als fromme Bürger ihres Landes wissen: an die Verheißung der Propheten. Am Tisch werden sie erinnert an die Jahre, in denen sie mit Jesus durchs Land gezogen waren und alltäglich mit ihm gegessen hatten: sie werden erinnert an eine Geste, die ihnen auf unauffällige Weise für die Gemeinschaft mit ihm charakteristisch geworden war. Aus dieser doppelten Erinnerung erwacht in ihnen das innere Bild Jesu und begegnet der Erscheinung des Auferstandenen, der die Erinnerung geweckt hatte. Nun konnten sie »bleiben«. Nun fanden sie den, den sie kannten, und den ganz anderen, der ihnen plötzlich begegnete, den Jesus ihrer Erinnerung und den Christus ihres neu erwachenden Glaubens zugleich.

Er brach das Brot, und er wurde ihnen plötzlich in ihrer Verlassenheit zur Heimat. Sie, die sich vom Leben ausgestoßen empfunden hatten, waren wieder aufgenommen. Noch in derselben Stunde brachen sie auf, gingen den langen Weg nach Jerusalem zurück, fanden die Gemeinschaft der Frauen und der Jünger versammelt und erzählten ihnen, wie sie Jesus daran erkannt hätten, wie er das Brot brach.

OSTERN – GRUNDDATUM DES CHRISTLICHEN GLAUBENS

Wie kamen die Menschen, die mit Jesus verbunden gewesen waren, zu der Überzeugung, er sei lebendig? Sie standen ja vor der brutalen Tatsache, dass Jesus getötet und begraben war. Und dann machten sie plötzlich die völlig überraschende Erfahrung, dass Jesus vor ihren Augen erschien. Sie hörten die Worte, die ihnen von Jesus zugesprochen wurden: »Ich lebe, und ihr sollt auch leben. Ich lebe, und euer Leben wird weitergehen wie das meine.« »Die Liebe Gottes begleitet euch weiter. Wie Gott mich liebt, so liebe ich euch.« »Ich bin bei euch alle Tage bis an der Welt Ende.« Worte, die sie früher gehört hatten, erschienen plötzlich in einem neuen Sinn. Neue Worte, die sie noch nie gehört hatten, wurden hörbar. Und die Erfahrungen machten aus müden, verzagten Menschen eine aktive, eine tätige, eine geisterfüllte Gemeinschaft.

Die Erfahrungen der ersten Christen mit dem auferstandenen Christus sind ein Grunddatum des christlichen Glaubens. Sind sie es nicht, und ist uns das Christentum nur eine Anleitung für das Leben auf dieser Erde, oder gar nur eine moralische Richtlinie für unser Tun, dann, so sagt Paulus, sind wir die Ärmsten, die betrogensten Menschen auf dieser Erde. Wir haben dann einen Glauben, der auf dieses enge Leben begrenzt und für dieses ungeeignet ist.

Wir müssen nur einmal verstanden haben, dass wir Menschen in einem Bereich leben, in dem sich sichtbare und unsichtbare Welt durchdringen. Und das der Tod ein Durchgang ist von der einen in die andere.

Das können wir alle verstehen: Wir kommen irgendwoher. Wir kommen zur Welt. Wir leben. Wir sterben. Wir erwachen. Das können wir heute wieder verstehen: Es gibt in unserer Welt sehr viel, das sich uns entzieht. Was wir »Tod« nennen, ist die Rückseite zu einer ganz anderen Art Leben. Eine dunkel und gefährlich scheinende. Und wir werden beim Übergang dort hinüber uns selbst und die Welt auf eine neue Weise zu Gesicht bekommen.

Wir sind nun einmal Wesen zwischen zwei Welten. Wir gehören nicht ganz in diese Welt und doch auch nicht in die andere. Es kommt darauf an, was wir glauben, wem wir vertrauen. Denn die Wände zwischen beiden Welten sind dünn. Es gibt aber im Leben ein Gesetz, dass, wenn eine Tür sich schließt, eine andere sich auftut. Wenn nun die Türen, durch die wir gegangen sind, sich schließen, eine nach der anderen, dann lösen sich die Wände auf vor unseren Augen, in denen sich die Türen gedreht haben. Die Welt wird größer, als sie jemals für uns gewesen ist, das Licht einer anderen Wirklichkeit liegt über ihr, und unser Weg fängt noch einmal an.

WIR WERDEN ALLE AUFERSTEHEN!

Licht, Brot, Wein, Weg, Tür ... – in klaren, kraftvollen Bildern und sieben elementaren Zeichenhandlungen verweist Jesus im Johannesevangelium auf die Geheimnisse des Lebens. Diese Zeichen sind bedeutungsvolle Hinweise für die Orientierung auf dem eigenen Weg – Hinweise auf den Sinn, den unser Leben hat, auf die Möglichkeiten, die in ihm liegen: im Überschwang des Feierns wie bei der Hochzeit von Kana, im Gewahrwerden auch heilsamer Grenzen, im Vertrauen auf die Kräfte des Lebens. Den Gipfel der Reihe bildet das siebte Zeichen: die Auferweckung des Lazarus. Es ist der Endpunkt der Erzählungen über das Leben und Wirken des Jesus aus Nazareth und zugleich der Übergang zur zweiten Hälfte des Johannesevangeliums, in der die Geschichte seines Leidens und Sterbens berichtet wird. Es ist ausführlich und mit vielen Details erzählt (siehe Johannes 11,1-45). Die entscheidenden Sätze lauten:

»Es war aber einer krank, Lazarus von Betanien, aus dem Dorf der Maria und ihrer Schwester Marta. Die beiden Schwestern sandten nun Jesus eine Botschaft und ließen sagen: Herr! Er ist krank, den du lieb hast! Als Jesus hörte, dass er krank sei, blieb er noch zwei Tage an dem Ort, an dem er war. Danach sagte er zu seinen Jüngern: Auf! wir gehen nach Judäa. Unser Freund Lazarus ist entschlafen, und ich gehe hin, ihn zu wecken.
Als nun Jesus dorthin kam, fand er ihn schon vier Tage in der Gruft liegen. Es waren auch viele gekommen, die

Schwestern wegen ihres Bruders zu trösten. Als nun Jesus sah, wie die Schwestern weinten und mit ihnen die Leute aus der Umgebung, fasste ihn der Zorn über den alten Feind, den Tod, und eine tiefe Erregung, und er fragte: Wo habt ihr ihn hingelegt? Sie antworteten: Komm, Herr, und sieh! Da kam Jesus, wieder in seinem Innersten bewegt, zum Grab und sagte: Hebt den Stein weg! Und er richtete seine Augen zum Himmel und rief mit lauter Stimme: Lazarus, komm heraus! Und der Tote kam heraus, an Händen und Füßen von Binden umwickelt und das Angesicht mit einem Schweißtuch verhüllt. Da sagte Jesus: Macht ihn frei und lasst ihn gehen!«

Im Zusammenhang dieser Ereignisse und Gespräche sagt Jesus zu Marta das entscheidende Wort: »Ich bin die Auferstehung und das Leben. Wer an mich glaubt, wird leben, auch wenn er stirbt. Und wer lebt und an mich glaubt, wird in Ewigkeit nicht sterben.« (Johannes 11,25)

Man mag nach dem Sinn eines solchen Wunders fragen. man mag einwenden, was denn damit erreicht sei, dass ein Mensch vorübergehend ins Leben zurückgeholt wird, bis er einige Jahre später wieder dem Tod anheimfällt. Man mag sagen, dies sei gewiss tröstlich und hilfreich für ihn selbst und seine Angehörigen und Freunde, aber an der Todverfallenheit des Menschen, der Völker und Kulturen ändere sich damit nicht das Geringste. Der Tod habe danach die Macht, wie er sie zuvor hatte, und alles bleibe beim Alten.

Es ist deutlich: Eine solche Geschichte hat nur Sinn, wenn sie ein Zeichen ist für etwas, das über sie hinausreicht, wenn sie etwas aussagt über das Leben und den Tod der Menschen überhaupt. Wenn danach nicht alles beim Alten ist, sondern übergeht in eine große Veränderung der Dinge, die am Rand des Menschenlebens zur Ewigkeit hin geschehen. Wenn zum Beispiel der Übergang vom Leben in den Tod für uns keine lebensbedrohende Gefahr mehr ist. Wenn da einer uns begegnet, der uns sagt: »Komm heraus!« Wenn wir neue Schritte tun in ein anderes Land. Wenn da einer über unsere Erde geht, über das ungeheure Totenfeld, über den unendlichen Begräbnisplatz aus untergegangenem, vergessenem Leben, auf dem seit Jahrmillionen Leben war. Leben, das starb und wieder zur Erde oder zu Stein wurde. Aus dem zwar neues Leben hervorging – immer aufs neue, ein kurzatmiges Eintageleben, in ergreifender Weisheit und Schönheit gestaltet –, danach aber wieder in der unendlichen Totenlandschaft versank. Und wenn – ja, wenn! – Christus, der da kommt und vor den Gräbern steht, die Macht hat, für alle Toten einen neuen Weg zu zeigen und zu eröffnen.

Es geht in diesem letzten der sieben Zeichen im Johannesevangelium nicht um irgend etwas, sondern um den Sinn und das Ziel unseres Menschenlebens überhaupt. Wir können aus unserer Geschichte alle Einzelheiten, die Gespräche zum Beispiel, getrost weglassen. Sie haben nur Sinn, wenn dieses Eine feststeht.

Dann aber gewinnt die Geschichte eine unerhörte Bildhaftigkeit. Dann sagt sie: Du Mensch in deinem Grab – in deiner Angst, in deinen Depressionen, in deiner Ausweglosigkeit, in deiner Schuld beladenden Lebensgeschichte, gebunden an Händen und Füßen, nichts mehr sehend mit deinen verbundenen Augen, eingeschlossen von der Leblosigkeit und der Schwere des Steins, der nun einmal Tod heißt – du, der du noch immer ein Mensch bist, komm heraus! Und dieser Mensch kommt heraus, noch ganz gehüllt in die Zeichen der Starre. Er tritt durch die Tür, die er in seinem Tod und bei seinem Eintritt ins Grab nicht wahrgenommen hatte, und sieht in ein unbekanntes Licht, das er sich noch nicht deuten kann. Er hört eine Stimme, die ihm unbekannt scheint, obwohl sie immer schon zu ihm gesprochen hatte, die sagt: »Löst ihm seine Binden ab! Er soll wieder gehen können!« Und er blickt um sich und sieht eine ganz andere Welt; eine Welt, in der wieder eine unendliche Fülle von Geschöpfen sind, auch Menschen; eine Welt, in der es für ihn einen Weg gibt und Kräfte, ihn zu gehen. In der ihm aber vor allem der begegnen wird, in dessen Hand Leben und Tod sind und der ihn gerufen hatte, damals, als er als Kind ins Leben trat, und der ihn jetzt ruft, da sein Leben geendet hatte: der schaffende Gott in dem grenzenlosen Reichtum seiner Lebendigkeit und Güte.

Wenn das der Sinn der Geschichte ist, dann ist sie ein »Zeichen«. Wie auch die anderen Wunder, die Johannes erzählt, ist sie ein Stück seiner Autobiographie – und zwar hier der künftigen: der Biographie, die noch nicht stattgefunden hat, die aber noch kommt. Wir brauchen nur zu hören und zu sehen, was da in unserer eigenen Biographie geschieht und geschehen wird. Und wir brauchen unserer eigenen verängstigten Seele nur eben die Auferweckung des Lazarus als ihre eigene Geschichte erzählen. Es kommt nur darauf an, dass wir in jenes veränderte Bewusstsein hineinfinden, das nötig ist, um kommende Erfahrungen schon auf dieser Erde vorwegzunehmen.

Unser normales Bewusstsein eignet sich nicht dazu, zu verstehen, was Auferstehung ist. Es wird immer daran abgleiten oder abprallen. Die Ostergeschichten der Bibel erzählen von dieser seltsamen Blindheit, diesem kaum anfangenden Begreifen. Da laufen die einen aus Jerusalem weg nach Emmaus, weil sie nicht begreifen. Sie müssen eingeholt werden mit dem ihnen vertrauten bild, wie sie mit Jesus am Tisch sitzen. Die anderen schließen sich in ein Haus ein, weil auf der Straße der Tod umgeht, der wohl auch nach ihnen sucht, und Jesus muss durch ihre Verschlossenheit eintreten. Die dritten gehen nach Galiläa und wollen an ihr früheres Leben anschließen, und Jesus begegnet ihnen, als sie müde von nächtlicher Arbeit am Ufer ankommen.

Wir heutigen Christen habe eine Epoche hinter uns, in der man sich zu klug dünkte, an Dinge zu glauben, die nicht mit normalem Bewusstsein feststellbar sind. Diese Epoche liegt hinter uns. Wir stehen am Beginn einer Veränderung des menschlichen Bewusstseins und können sie heute schon vorwegnehmen, wenn uns ernsthaft daran gelegen ist. Ohne eine solche Veränderung werden wir blind bleiben allem gegenüber, was wirklich wichtig ist in unserem Leben und über dieses Leben hinaus. Wir bedürfen einer neuen Sensibilität, einer neuen Weite unseres Empfindens und Denkens, einer Vertiefung unserer üblichen, auch religiösen, Vorstellungen; einer neuen Ehrfurcht allem gegenüber, das uns umgibt, ob es die konkrete Welt ist oder ihr geistiger Hintergrund, den wir bislang nur ahnen. Wir müssen Abschied nehmen von der herrscherlichen, ausbeuterischen Gesinnung, mit der wir unserem eigenen Leben und allem Lebendigen um uns her gegenübertreten, und zu einer neuen Bescheidenheit und Empfänglichkeit finden, in die so etwas eindringen kann wie ein leises Wort oder wie das Licht einer andersartigen Welt. Ohne solche Veränderungen wird das Wort »Auferstehung« eben ein Wort bleiben und nicht mehr sein als eines der vielen Wörter, mit denen wir uns umgeben und aus denen in aller Regel auch unser Christentum besteht.

Wir werden auch Abschied nehmen müssen von all den schwachen Erklärungen und Ausreden, mit denen viele sich in den letzten Jahrzehnten aus dem Gedanken an die Auferstehung der Toten herausgewunden haben. Von all den Meinungen, das sei doch wohl nicht so wörtlich gemeint, das gelte doch wohl nur »geistig«, im übertragenen Sinn, sinnbildlich. Die Auferstehung sage doch wohl weiter nichts als dies, wir sollten während dieses Lebens den Mut nicht verlieren. Wir sollten den Blick erheben über diese wirre Welt. Oder die Sache, für die Jesus gestorben sei, gehe weiter, irgendwie, diese gute Sache. Es ist hier so wie überall. Wenn wir einen großen Gedanken denken wollen, müssen wir uns viele andere aus dem Kopf geschlagen haben.

Ich weiß, das ist leichter zu glauben, solange wir bei Kräften sind und der Tod nicht vor der Tür steht. Aber die Welt derer, die sterben sollen – der Alten, der Kranken, der Leidenden – ist wie überdeckt von einem Meer von Resignation. Der Theologe Karl Rahner schrieb 76jährig einen Brief – an den Publizisten Walter Dirks zu dessen 80. Geburtstag –, der in seiner Ehrlichkeit und Klarheit unvergleichlich ist. Er sagt darin:

»Wir machen uns doch nichts vor: wir sind alt und abgekämpft, andere und jüngere kämpfen schon lange dort, wo wir einst standen, und ich halte es für einen frommen Schwindel, zu sagen, man können auch im Alter ein junges und fröhliches Herz bewahren. … Ich meine, die Gnade Gottes lasse uns nicht jung bleiben, sondern biete uns die Möglichkeit, das wirkliche und bittere Alter mit Ergebung, Geduld und Hoffnung … zu ertragen, und sage uns, dass, wenn uns selbst dies nicht mehr möglich sein soll (auch das ist wahrhaftig denkbar), wir auch von dieser Aufgabe eines normalen Alters dispensiert seien … Der Theologe – der ja nur zu gerne für alles eine Antwort hat – wird sagen: Weil du musst, darfst du auch gelassen Abschied nehmen von all denen, die bisher mit dir zogen, und von all dem, was dein Leben erfüllte. Du brauchst dich nicht dagegen sperren zu wollen, dass dein Lebenstag von der Straße der weiterlaufenden Geschichte abbiegt und sich in das finstere Licht verliert, in dem Gott lebt … Aber ich weiß nicht, ob ich diese Hoffnung wirklich habe oder ob das, was ich meine Hoffnung nenne und mit der ich mich und meine Resignation tröste, in Wahrheit doch nur das wesenlose und bald verschwindende Abendrot ist, das von den letzten Resten meiner Lebenskraft noch hergezaubert wird.«

Und es braucht lange, bis Rahner sich durchfindet zu dem Satz: »Wir brauchen vermutlich die Resignation, die uns im Alter anmutet, gar nicht so wild zu verdammen …, wie wir gewöhnlich meinen, es tun zu müssen. Diese Resignation kann ja auch der fast spießbürgerlich alltägliche Aspekt der Resignation sein, die die höchste und letzte Tat unseres Lebens ist: die bedingungslose Übergabe unserer ganzen Existenz an Gott und seine Unbegreiflichkeit, die Übergabe, die sogar im allerletzten die Tat Gottes selber ist, der uns nimmt, indem er selber sich gibt. Vielleicht ist unsere so schäbig sich zeigende Alltagsresignation letztlich nur der weise und liebevolle Kunstgriff Gottes, durch den er uns jene Resignation schenkt, die frei von uns selbst und selig macht.« Und so bleibt »die eine und große Aufgabe des Alters die, die Resignation des Alters nicht größer werden zu lassen als unvermeidlich ist, und die Resignation, die uns geheimnisvoll im Tod dem Geheimnis Gottes übergibt in Hoffnung und Geduld einzuüben, soweit das möglich ist.«

»Soweit das möglich ist« – diese Einfachheit und diese Stille, verhüllte Andeutung der Gnade Gottes atmet die Freiheit und die Geradlinigkeit, mit der Karl Rahner für uns alle über den Weg des Christen in dieser Welt nachgedacht hat.

Was weiß ich denn über meine Zukunft? Ich weiß, dass die Sonne bald für mich untergehen wird. Dann kommt eine Dämmerung. Dann eine Nacht. Ein schöner und reicher Tag wird zu Ende sein. Denn werde ich durch die Nacht gehen wie durch eine Grabhöhle. Dann kommt ein neuer Tag. Ich weiß nicht, was er bringen wird. Was wir wissen, sind Hinweise, Gleichnisse. Aber es wird ein schöner und großer Tag sein. Jeder Schritt in die Zukunft wird ein Schritt in die Freiheit sein. Und der Tag, der für mich anbrechen wird, wird Gottes Tag sein.

SELIG, DIE REINEN HERZENS SIND

Selig sind, die reinen Herzens sind.
Sie werden Gott schauen.

Aber was ist das, ein reines Herz?
Ist es das unberührte Herz?
Das vom Schmutz und vom Elend dieser Erde
abgeschirmte, nicht angetastete? Nein.
Ein reines Herz, das ist eines,
das sein Interesse an seiner Unberührtheit aufgab,
frei von der Suche nach dem eigenen Glück
und der eigenen Reinheit.

Es ist ein Herz, das durchlässig ist
für den Geist und die Lebendigkeit Gottes,
das Medium ist für den Willen Gottes
und für seine Liebe.
Ein reines Herz ist ein lebendiges,
waches, von Leid und Klage
rund um die Erde betroffenes Herz.

Es ist das empfindsame Herz,
das hungert und dürstet nach Gerechtigkeit
für die Leidenden,
ein Herz, wie das Hohelied der Liebe sagt,
das trauert über das Unrecht
und sich freut an der Wahrheit.
Es wird Gott schauen.

Ihm werden die Augen aufgehen
auch für den verborgenen Gott,
für alle Rätsel und Abgründe des Daseins
und für den Sinn, den sein Leid hatte.

Selig sind darum, die hoffen –
nicht auf bessere Zeiten,
sondern auf Gottes Reich
Selig sind, denen das Heute, das Morgen
und die Ewigkeit eins sind.
Eins die Stille, die Tat und die Hoffnung.

Selig sind sie. Sie haben festen Stand.
Sie wirken mit an einem lohnenden Tun.
Sie finden ihren Weg und ihr Ziel.
Und das Leben, das volle, liegt vor ihnen.

ZUM AUTOR

Jörg Zink wurde am 22. November 1922 auf einem christlichen Bruderhof, dem Habertshof bei Schlüchtern, geboren, als Sohn des Gründers Max Zink. Nach dem Tode seiner Eltern aufgewachsen in Ulm, nahm er am Zweiten Weltkrieg als Flieger teil. Nach Krieg und Gefangenschaft studierte er Philosophie, später Theologie in Tübingen. Zu seinen Lehrern zählten Eduard Spranger und Romano Guardini. 1951 Vikar in Stuttgart, 1952 bis 1955 Lehrbeauftragter am Evangelischen Stift in Tübingen. 1955 Promotion zum Dr. theol. 1955 bis 1957 Pfarrer und Jugendpfarrer in Esslingen. 1957 bis 1961 Direktor des Burckhardthauses in Gelnhausen, der damaligen Zentralstelle der Evangelisch-Weiblichen Jugend in Deutschland. 1961 bis 1980 Fernsehbeauftragter der Evangelischen Landeskirche in Württemberg beim SDR. In diesen Jahren mehrfach Reisen in den

Orient; Produktion von Filmen; Veröffentlichung von Büchern und Bibelübersetzungen; breitgefächerte Vortrags- und publizistische Tätigkeit in Funk, Fernsehen und Presse; Mitbegründer und Leitung der Jugendfarm Haldenwiese in Stuttgart. 1980 Beurlaubung aus dem Dienst der Kirche. Seither ist er als freier Schriftsteller tätig. Jörg Zink hat sich stark in der Friedens- und Ökologiebewegung engagiert.

Jörg Zink hat – zunächst ausschließlich im Burckhardthaus-Verlag, Gelnhausen, seit den 60er Jahren dann vor allem im Kreuz Verlag Stuttgart, ab 1981 im Verlag am Eschbach, später auch im Verlag Herder und im Gütersloher Verlagshaus - weit über 100 Bücher veröffentlicht. Eine große Leser- und Leserinnengemeinde lebt seit Jahrzehnten mit seiner Übertragung und Auslegung der Bibel, mit seinen Gebetstexten, seiner *Erfahrung mit Gott* (eine »Einübung in den christlichen Glauben«, Stuttgart 1974) und seinen Geschenkbüchern. In seiner Autobiographie *Sieh nach den Sternen – gib acht auf die Gassen* (Stuttgart 1992) blickt er zurück auf seinen äußeren und inneren Lebensweg: was ihn geprägt und welche Motive ihn geleitet haben.

Meisterhaft versteht es Jörg Zink – selbst ein sensibler Fotograf und Aquarellmaler -, im Wechselspiel von Wort und Bild die Geschichte und Umwelt der Bibel zu erschließen und die biblische Botschaft in ihrer Vielfarbigkeit zu deuten. Zwei große Reihenwerke dokumentieren den Bildausleger Zink: Das 1980 bis 1983 in den Verlagen Burckhardthaus-Laetare, Gelnhausen, und Christophorus, Freiburg i. Br., erschienene *Bildwerk zur Bibel* mit 819 – vorwiegend vom

Verfasser fotografierten – Dias und Texten zur Geschichte und Umwelt der Bibel; sowie die 1981 bis 1988 im Verlag am Eschbach erschienene DiaBücherei Christliche Kunst, 24 Bände mit 1440 Dias, 2824 Seiten Text und 16 TonCassetten zum Jahreslauf, zum Gespräch über den Glauben und zur Bibel.